# 半径3キロのPBL

## 埼玉県草加市で挑んだ<br>SDGs地域連携の記録

高安健一

幻冬舎ルネッサンス新書
259

# はじめに

近年、プロジェクト型課題解決学習（Project-Based Learning: PBL）が、学習指導要領の改訂や課題解決能力に優れた人材育成ニーズの高まりなどを背景に注目されている。だが、それは決してやさしくない。本書で取り上げるのは、大学３年次の10カ月を費やす長丁場のPBLであり、42.195㎞のフルマラソンに喩えられる。

フルマラソンというPBLを走り切った、筆者のゼミの３年生（2022年度13期生）の生の声を聞いてみよう。

我々のプロジェクトが最終的にしっかりと形となり、着地できたことに安心しています。当初は、企画内容の決定から苦戦していましたが、夏季休業明けから本格化しました。それからはアウトプットしていくだけの状況でしたが、冊子・ポスター・ポストカードの制作がかなり大変で、メンバー全員が身を削って励みました。

―SDGzooチーム（東武動物公園で、子どもたちに生物多様性の大切さを伝える）

大変でした。終わってくれてよかったです（笑）。プロジェクトを行った2022年は一瞬で過ぎ、今後生きていく中で、体感でこんなに早く終わる１年はないと思います（笑）。

—ユースヘルスまもり隊（若者の心と体の健康を守るためにユースクリニックを提案）

無事にプロジェクトが終わって、安心と達成感があるが、１年間費やしてきたプロジェクトが終わってしまうのは寂しいという気持ちもある。
—草加本染LOVERS（草加市の伝統産業である染物の復興に取り組む）

３年生になってPBLに取り組む２年生（2022年度14期生）は、スタート前の心境を次のように語った。

先輩方の実績を見ると、目覚ましい活躍をしていると感じているので、自分にも先輩のような案を考え、実行できるかが非常に不安である。しかし、私には目覚ましい活躍をした先輩と、頼れる同期がいるので、皆と協力をしてPBLに臨めることに誇りを感じている。

先輩方のPBLの過程や成果、その後の外部での発信などを見ると、そんなに大きなことをやり切れるのか少し不安になる。その負荷を仲間とともに乗り越えたときに、多くのことを得られるだろうと考えている。

筆者のゼミでは、2010年度から2022年度までの間に、計53

のPBLを実施し、273人のゼミ生がフィニッシュラインを越えた。完走タイム（学びの程度）に違いはあるものの、途中棄権したゼミ生は１人もおらず、完走率は100％である。

PBLで学生は育つ。

本書は、獨協大学経済学部に勤務する筆者が見守ってきたPBLの記録である。大学が立地する埼玉県草加市においてゼミ生が展開した東京2020オリンピック・パラリンピック競技大会（以下、東京2020大会）及び持続可能な開発目標（Sustainable Development Goals: SDGs）に関わるPBLを中心に紹介する。

世界は解決すべき課題で溢れている。国際社会が取り組んでいるSDGsの17の目標と169のターゲットの2030年までの達成が危ぶまれている。グローバルな課題に対応できる人材の育成は急務である。筆者は、新型コロナウイルス感染症（以下、新型コロナ）が世界的に流行するまでそのように信じていた。

本書で焦点をあてるのは、グローバル人材の育成ではない。地元の課題解決に取り組む地域連携PBLを通じた人材育成である。筆者が勤務校で担当している科目は、途上国の人々の生活を豊かにする方法を探る開発経済学、日本企業のビジネスの視点から捉える東南アジア経済論、そして新聞記者と学ぶ現代経済（日経SDGs未来講座）である。アジアを中心とした途上国・新興国を調査研究の対象としながらも、東京2020大会の開催と新型コロナの世界的流行に伴う行動制限により、期せずして草加市の課題に取り組むことになった。そして、地元が学生の学びに活かせる資源で溢れていることを「発見」した。本書には、世界を驚かせる発明をした学生、国際機関で活躍した学生、斬新なアイデアで世間をあっと言わせた学生は登場しない。本書の主役は、プロジェクトの目標と目的を達成するために、大変だけれども楽しいと思いながら、無数の小さな課題を日々解決している若者である。

東京2020大会とコロナ禍の地域連携PBLは、筆者の大学の研究室を基点としてほぼ半径3.0㎞以内で完結した。草加市役所、聖火リレーの出発地であるまつばら綾瀬川公園、草加せんべいの製造・販売を手掛ける「まるそう一福」、規格外野菜の販売で最先端を走る生鮮スーパーゼンエー、草加せんべいや石鹸を販売したSOSOPARK、ゼミ生がSDGs関係のセミナーを開いた埼玉県立草加かがやき特別支援学校等々がすっぽりと収まる。学生が地元の課題に挑戦している姿を多くの市民に目にしていただいた。そして、学生は市民の反応を直接感じることができた。

PBLの舞台となった草加市は、地方の過疎地でも都心のお洒落なまちでもない、東京都足立区に隣接した人口約25万人、面積27.46㎢の自治体である。全国的には草加せんべいで知られている。田舎でも都会でもない草加市では、自治体加入率が50%を割り込み、転出と転入が活発で住民の多くが入れ替わり、外国人住民比率が高まっている。獨協大学に隣接する地域では、かつて東洋一の規模と言われた松原団地の再開発が進み市外から新住民が続々と流入している。「快適都市」を長期ビジョンとして掲げている草加市は、町内会・自治会などを中心とした市民ネットワークを補完する人と人の繋がりを構築することで地域の社会関係資本を豊かにし、市政に共助を取り入れようとしている。筆者は草加市の市政をそのように認識している。

1964年に草加市に開学した獨協大学は、四つの学部（外国語学部・国際教養学部・経済学部・法学部）で構成されている。学部学生は2022年５月１日時点で8,147人である。地域貢献事業に取り組んできたものの、全学的、そして組織横断的な対応とは言いがたい。大学として東京2020大会に取り組んだ形跡はほとんどない。SDGs対応は2019年末からようやく動き出した。組織的な学生ボランティアの支援にも消極的である。こうした大学の対応は横に置き、筆者のゼミは、教育効果と草加市のニーズに鑑み、東京2020大会とSDGs分野で地域連携PBLに積極的に取り組んできた。

日本の大学制度は、基本的に知識、情報、ノウハウの伝達を前提に設計されており、学生の課題解決能力を高めるための仕組みは十分には整っていない。その中にあって、ゼミは教員と学生が合意すれば学修プログラムを柔軟に設計できる貴重な場である。１人の教員の下で特定の専門領域に関する調査研究に少人数で励み、現実の社会課題に挑戦する経験を積むことによって、学生の人生の選択肢を増やせないか。そのように思いながら、筆者はPBLに取り組んでいる。

大学の基本機能は、研究と教育、そして社会（地域）貢献の三つである。地域の社会関係資本を豊かにすることも大学の社会貢献に含まれるべきである。まちに大学が溶け込むことで、その知的資産が地域に還元され、人と人のネットワークがより多様にそして緊密になり、住みやすい地域になる。研究成果の還元に加えて、学生が主体的に取り組むPBLなどの試みが、地域の課題解決と活性化に繋がる。「ゼミ型地域連携PBL」は、研究、教育、社会貢献の三つを同時に前進させる可能性を秘めた知的活動である。そして大学、市役所、企業、住民がSDGsの達成に向けて連携を強めることで、草加市は長期的な目標である快適都市の実現に近付こう。

我々は国内外で解決すべき課題をどうすれば見つけることができるのか。東京2020大会、SDGs、そして温室効果ガス排出削減などのための国際的枠組みであるパリ協定の三つからヒントを得ることができる。2013年に開催が決定した東京2020大会は、日本におけるダイバーシティ（多様性）&インクルージョン（包摂性）、環境への配慮などの議論にポジティブな影響を与えた。2015年9月に国連総会で採択されたSDGsは、ESG（環境・社会・ガバナンス）投資とともに日本が対応すべき課題としての重要度を増しており、企業、自治体、教育機関などによる取り組みが広まっている。同年12月にパリ協定が締結された後、日本を含む主要国は温室効果ガスの長期的な削減目標を相次いで公表してきた。

草加市と獨協大学は、SDGsやパリ協定などへの対応を同時期に、しかし別々に行ってきた。草加市は東京2020大会が終了した2021年9月までに人権、LGBTQ、男女共同参画、ダイバーシティ&インクルージョンなどへの政策指針を改めて明らかにした。東京2020大会に関連して聖火リレールートを誘致したり、コロンビア共和国パラリンピック水泳チーム（以下、コロンビア水泳チーム）の事前キャンプ地となったことが市政にもポジティブな影響を与えたと筆者は認識している。これは東京2020大会のレガシー（遺産）である。一方、獨協大学も、草加市が取り組んできた政策課題と同じ分野で、宣言や基本指針を公表してきた。しかしながら、両者が事前にすり合せた形跡はみられない。草加市内の２大組織である市役所と獨協大学が連携して人権をはじめとする多くの分野でメッセージを発信することは、安心な市民生活に寄与しよう。

課題解決能力を備えた人材の育成は一筋縄ではいかない。そうであるからこそ、大学、企業、自治体、地域住民は地域連携PBLを人材育成の機会と捉え、ある程度の手間と投資を惜しんではならないのである。課題解決能力を備えた人材の育成は、社会としての将来への投資であり、それを怠るならば我々の未来は明るいものにはならない。

本書は、筆者が獨協大学経済学部に2009年４月に着任してから2021年度までの間に取り組んだ計50のPBLの経験をもとに執筆された。アクティブラーニングやPBLに関する著作は多い。本書の特徴は次の三つである。

第一は、筆者が企業に勤めていた経験から逆算してPBLを組み立てていることである。獨協大学に着任する前に、21年にわたり三つの民間企業に勤務していた。ただし、企業の行動原理や手法が正しいと主張するつもりは毛頭なく、企業の限界も熟知している。教員が過去の成功体験を無理強いすることは、学生にとって迷惑以外の何者でもない。

第二は、PBLと大学での学びを連動させる必要性を主張していることである。講義科目との連動性という横軸と、２年生から4年生までのゼミの学修プログラムという縦軸が交わる点にPBLを位置づけることで、相乗効果を狙っている。学外で体を動かすだけでは不十分で、頭も働かせる必要がある。

第三は、地域連携PBLの対象となる地域のニーズや自治体の政策を十分に把握することである。自治体や地域住民が直面している課題を適切に認識することなしに、地域連携PBLは成立しない。

本書の構成は次の通りである。第1章と第2章は、本書全体の導入部分である。大学事情に馴染みの薄い方々に予備知識を提供する役割を担う。第1章では、ゼミ制度、PBL、そして筆者のゼミのPBLのフィールドである草加市の概要について述べる。第2章では、筆者のゼミがゼミ生の募集からPBLの実施、そして卒業研究論文の執筆という一連の学修プロセスにどのように取り組んでいるのかを、いくつかのデータを用いて解説する。

第3章と第4章では、東京2020大会に関わる活動を取り上げる。第3章では、草加市のスポーツ行政の枠組みを概観したうえで、その東京2020大会への適用を聖火リレールートの誘致、コロンビア水泳チームのホストタウン事業、そして草加市オリンピック・パラリンピック推進委員会の活動などについて述べる。第4章では、筆者のゼミの東京2020チーム(2016年度)、埼玉レガシー2020チーム(2018年度)、そしてPlastic Free Club 2020チーム(2019年度)の活動を、地域の人と人の関係性の再構築という視点を踏まえて紹介する。

第5章と第6章では、SDGsに関するPBLを取り上げる。第5章では、獨協大学と草加市のSDGsへの取り組みを整理したうえで、両者の連携により市民に好ましい影響を与えることができる可能性を指摘する。第6章では、筆者のゼミが2016年度以降に取り組んできたSDGs関係のPBLの経験を踏まえ、草加市の課題と地域連携PBLの関係について考察する。

第7章では、PBLと人材育成について、認知能力と非認知能力の涵養に焦点をあてて、筆者のゼミの事例から得られた示唆をまとめる。

正直なところ、筆者のゼミ生の認知度や非認知度がPBLでどの程度向上したかは分からない。一方で、教室ではできないことを学生が体験したことは確かである。ゼミ生は、PBLを通じて学内ではお目にかかれない方々と出会った。規格外野菜の発生メカニズムを教えてくださった草加市内の小松菜農家さん、草加市内のSOSOPARKで真冬に草加せんべいを販売していたゼミ生にトイレを快く貸してくださったコンビニの店員さん、大学生観光まちづくりコンテストに出場したチームのために20人以上が集まり夕食会を開いてくださった能登半島の皆さん、ゼミ生の飛び入り参加を認めてくださった富山県のお祭り関係者、ペットボトルで水を汲んでいる日本人の行動が環境保護の視点から理解できないと言っていたフランス人、タイの首都バンコクのスラム街の元気な子どもたち、フィリピンの小学校でテストを実施する前に解答を子どもたちに教えてしまった先生、タイの大学のトイレの個室から出られなくなったゼミ生を脚立を持ち込んで助けてくれた職員、インドの田舎を歩いていたらいきなり関西弁でゼミ生に話しかけてきた男性、インドの大学をゼミ生数人が訪問したところ紅茶を飲みながらの懇談の機会を設けてくださった学長、調査に訪れたゼミ生を歓待してくださったミャンマーの大学の経済学部長等々、枚挙に暇がない。プロジェクトでは動物などとの出会いもあったという。インドで宿泊したホテルのベッドの下に潜んでいた大きなネズミ、ミャンマーのホテルの部屋の壁を這っていたトカゲなどである。

筆者が草加市オリンピック・パラリンピック推進委員会(以下、推進委員会)の委員を務めていたこともあり、本書は東京2020の記録を残す役割も担っている。記録を残すことは大学人としてのレガシーへの貢献の一つである。

本書が草加市における社会関係資本の醸成と学生の人生の選択肢を増やすことに役立てば望外の幸せである。

2023年3月20日

卒業式の日に東京スカイツリーが見える研究室にて

高安健一

※筆者のゼミの活動の様子を、2017年末に開設したフェイスブックでご覧いただけます。
獨協大学高安健一ゼミナール(https://www.facebook.com/takayasuseminar2017/)

Contents

## 第2章 高安健一ゼミのPBLへの取り組み



## 第3章 草加市の東京2020大会への取り組み

## 第7章 PBLと人材育成

# 第1章

# ゼミ制度・PBL・草加市の概要

本章では、第２章以降で PBLの実践について解説する前に、ゼミ制度、PBLの目的と構成要素、そして筆者のゼミがPBLを展開してきたフィールドである草加市の基本情報を読者と共有する。

## 1 ゼミ制度と人材育成

### （1）制度の概要

日本の大学教育において、ゼミは重要な役割を担っている。演習とも呼ばれるゼミは、１人の教員のもとに少人数の学生が集い、教員の専門分野について長い時間を共有して学ぶ制度である。

教室での講義と異なり、学生が主体的に研究に取り組み、ディスカッションやディベートで専門性を深め、プレゼンテーションや論文作成により調査研究成果をアウトプットする。教員とゼミ生が合意すれば学修形式を柔軟に設定でき、学生主体のPBLを実施する場として適している。どのテーマを、どの教材を使い、どの時期に、どのような手順で学び、調査研究の成果を誰にどのような形式で発表するかを、教員と学生は選択できる。さらに、学外の専門家に支援を求めたり、合宿という学内と異なる空間での学びの機会も設計できる。

ゼミは学びの場であると同時に、人間形成の場でもある。学生は自分の意思で多くのゼミから一つを選択して選考試験を受ける。これは学生が大学生活で何を学ぶのかを主体的に選ぶ行為でもある。ゼミでは、学生がグループで課題に取り組むことが多く、同学年のゼミ生との交流に加えて、上級生や下級生との縦の関係、あるいはOB・OGを含むより広い世代との繋がりが形成される。こうしたネットワークを活用することで、専門知識、部活動、アルバイト、就職活動をはじめ様々な情報や経験が共有される。

国際教養大学のモンテ・カセム学長は、「日本はゼミ制度が独自の発展を遂げた。面倒見のよい教授のもとで学生が一生ものの厚い人間関係を築く場になる。社会に出てからも役立つ人脈となり、効率のよい高等教育を提供している[1]」と述べている。

## （２）獨協大学におけるゼミ制度

獨協大学は埼玉県草加市に1964年に開学した文系４学部（外国語学部・国際教養学部・経済学部・法学部）で構成される大学である。その建学の理念は「大学は学問を通じての人間形成の場である」である。学部学生数は2022年５月１日時点で8,147人であり、筆者が属する経済学部は同3,174人である。経済学部は、経済学科、経営学科、そして国際環境経済学科の三つの学科で構成されている。学生は自分の所属学科ではない学科のゼミにも応募できる。ゼミは２年生から４年生まで必修であり、原則として３年間同じゼミに所属する。

獨協大学ウェブサイトにおいて、ゼミ制度はドイツで生まれた教育方法として紹介されている。獨協大学のゼミ制度に

---

1　「大学に公平な財政支援を　モンテ・カセム国際教養大学長」（グローバル教育と政治　有識者に聞く）『日本経済新聞』2021年８月25日付

は、PBLに通じる要素が多く含まれている。ゼミが建学の理念を実現するための重要な制度になっていると言えよう。（下線は筆者による）。

> “ゼミ”の名で知られ、今日ではどの大学においても一般的になったゼミナール教育は、教員の指導の下に少数の学生が集まって研究し、発表討論などを通して互いの意見をぶつけ合いながら授業を行っていくドイツで生まれた教育方法です。ドイツにルーツを持つ獨協大学では、この教育方法を「学問を通じて人間形成を行っていく」という教育理念を実践するにふさわしい方法として創立時から積極的に取り入れてきました。
>
> 今日においてもすべての学部でゼミナール教育に力を入れており、全学科合計で160以上のゼミが開設されています。各学科とも研究テーマは多彩な分野に広がっており、専門分野を深く探求する、情報科学の分野を究める、あるいは卒業生とのかかわりの中で実社会に触れるなど授業の枠を超えた学習が可能となっています。
>
> ゼミで最も大切なのは、知識を詰め込むことではなく、自分で研究テーマを決め、自分で動き、答えを導き出していくこと。本学ではゼミの形式だけでなく、こうした精神そのものを受け継ぐことで、本

当の意味での学問の楽しさや醍醐味を実感できるようにしています。ゼミナール教育は学生と教員、また卒業生との絆を生み出し、全ての学部、学科の学生が同じキャンパスで学ぶ「オールインキャンパス」と相まって本学独特のフレンドリーな雰囲気を醸成しています[2]。

## （3）ゼミと講義の違い

ゼミと講義の違いは多い。教室での講義は、教員から着席している学生に情報や知識を伝達する形式で進行する。履修者は300人を超えることもある。口頭による説明と板書の他に、プレゼンツールで作成した資料が用いられる。講義では、出席者の多さと授業時間の制約により、学生の発表やグループワークの機会は限られる。そして、大人数の講義では、個別の学生のニーズに合わせて学修内容を調整することは困難である。成績評価は、教員から学生に伝達された情報や知識が正確に再現されることを確認するために行われる試験やレポートで判定される。

ここで筆者は講義科目の教育効果は低いと主張するつもりはない。重要なことは、いかにすれば講義とゼミ活動、そしてPBLが補完し合えるかである。講義で学生が学ぶ莫大な知識をPBLに活かさない手はない。獨協大学経済学部では卒業に必要な単位数は、３年間必修のゼミの12単位を除くと116

---

2　獨協大学ウェブサイト「主体的なゼミナール教育」https://www.dokkyo.ac.jp/about/outline/features/（2023年３月11日最終閲覧）

単位である。学生がすべての講義科目に出席した場合の学習時間は計81,200分（約1,353時間）になる。これに予習、復習、定期テスト、レポート作成などに費やす時間が加わる。学生は講義で蓄積した膨大な知識のストックを、実社会での課題の発見や解決に活用するトレーニングをPBLで積んだうえで卒業することが望ましい。小学校から大学まで16年間学校に通った総仕上げとして、学力を実社会の課題の解決に使った経験は貴重であろう。「理解する学力」から「使う学力」への転換である。ゼミを主体とするPBLは、適切に運営されるならば、教室での知と実社会での知を結ぶ役割を果たすことができる。

## 2 プロジェクト型課題解決学習（PBL）について

### （1）課題解決能力が求められる背景

なぜ、課題解決能力が重視されているのか。画一的な教育のもとで、問題の解答を早く効率的に見つける学びのスタイルではなぜいけないのか。その理由の一つは、複雑で解決方法がよく分からない事象が増えていることであろう。近年、VUCAという表現が頻繁に使われている。これはV（Volatility：変動性）、U（Uncertainty：不確実性）、C（Complexity：複雑性）、A（Ambiguity：曖昧性）の頭文字で作られた造語である。我々は確かに、変動し、不確実で、複雑で、曖昧な現実世界で、次々と起こる想定外の出来事に対応しなければならない。2020年初頭からの新型コロナのパンデミックがその典型であり、学生生活、授業形式、就職活動、大学経営をはじめとして、想定外の展開が相次いだ。2022年２月24日に勃発したウクライナ戦争も想定外であり、企業活動、金融財政政策、一次産品価格、物価などに大きな影響を及ぼした。

大学でVUCAの時代を生き抜く資質を身に付けることはできるのか？　自ら課題を発見し、チームで解決策を導く人材を育成することは一筋縄ではいかない。より主体的、より能動的な学びへの転換への取り組みが活発化しているものの、小学校から大学を卒業するまでの16年間、講義中心あるいは受動的な学修が続く。大学のほとんどの講義は知識の伝達を目的としており、課題解決能力を高めることを直接的な目的としていない。加えて、実社会の課題を解決するために理系と文系双方の視点が必要であるにもかかわらず、日本では高校１年生から２年生にかけて大学受験のために文系か理系を選択することが一般的である。大学進学後も文理「分断」は継続する。

## （２）PBLの捉え方

筆者は、ゼミにおけるPBLがVUCAな時代を生き抜くための力を蓄える機会の一つになると考えている。

一般的に「PBL」は二つの意味で使われている。一つは、「課題解決型の学習」（Problem-Based Learning）である。これは教員が課題を提示し、その解決方法を学生が所定の手続きに沿って見つけることを重視する。医学部において、教員が患者の症状を伝え、学生グループが治療方法を見つけ出す授業がその典型であろう。理工系の学部においては、研究室での研究成果をどのように活用すれば社会的課題を解決できるかという視点からPBLが捉えられているようである。もう一つは、「プロジェクト型学習」(Project-Based Learning)である。これは学生がプロジェクトをデザインして主体的に課題に取り組む学修形式である。

筆者がゼミで実践しているPBLは「教員ではなく学生が課題を設定して解決策を見出す」という意味において課題解決型であり、学生はチームを組んでプロジェクトを遂行する。本書では筆者のゼミにおけるPBLを、学生主体の「プロジェクト型課題解決学習」(Project-Based Learning) と記す[3]。経済学部系のゼミは、理工学部の研究室のように自前の技術を活かすことで解決できる課題を探すのではなく、まずは社会的課題を見つけ出してから解決方法を模索することになる。そして、ゼミを単位として地域の課題解決に自治体や地元企業とともに取り組むPBLを「ゼミ型地域連携PBL」と称する。

## (3) PBLに取り組む意義

筆者は、大学教育においてPBLに取り組む意義は二つあると考える。一つは、学生が教室で獲得した知識を学外の現実世界の課題解決に応用する機会を提供することである。ただし、教員の教育方針、専攻分野、科目特性などは様々である。課題の設定には大学の属性も影響する。総合大学は多くの研

3　福屋氏は、山口県周南市で展開している人材育成を核とするPBLを「プロジェクト型課題解決学習」と名付けている。福屋(2020) pp. 14-22

究分野を組み合わせながら、そして単科大学は得意分野を深掘りしながら取り組む傾向があるように思える。大規模自然災害に見舞われた地域の大学では、防災や地域復興がテーマとして設定されることが多い印象である。地方の大学では、少子化対策、高齢化対策、観光による地域振興、自然環境の保全などが有力なテーマである。

もう一つは、非認知能力を伸ばす機会の提供である。「認知能力」は知能検査で測定される知能と試験で測定される学力に分けることができる。これに対して「非認知能力」は、注目すべき重要な心理特性である[4]。例えば、ノーベル経済学賞を受賞したヘックマン氏は、「意欲や、長期的計画を実行する能力、他人との協働に必要な社会的・感情的制御といった、非認知能力もまた、賃金や就労、労働経験年数、大学進学、10代の妊娠、危険な活動への従事、健康管理、犯罪率などに大きく影響する。[5]」と指摘している。

ここで看過してはならないのは、佐々木氏（2021）が指摘しているように、「非認知スキルを習得して将来成功するためには、それを習得できるような人的資本投資をしなければならない[6]」ということである。

PBLの教育効果は、授業の目標を明確にしたうえで、学生に対するアンケート調査、試験、レポート、プレゼンテーションなどのアウトプットで確認される。芝浦工業大学地域共創センターは、PBL教育の授業の履修群と未履修群を比較

4　小塩（2021）pp.1-2
5　ヘックマン（2015）p. 17
6　佐々木（2021）p. 15

すると履修群の方が専門分野にかかわらず、社会で必要とされる汎用的な能力（ジェネリックスキル）を測定・育成するためのプログラムであるPROG（Progress Report on Generic Skills）の値が高くなったとの結果を公表している[7]。

## （４）構成要素（選択肢）

アクティブラーニングの一つであるPBLは決して新しい学修形式ではない。国内外の大学で長年にわたり広く実施されてきた[8]。溝上氏は「プロジェクト学習」を「実世界に関する解決すべき複雑な問題や問い、仮説を、プロジェクトとして解決・検証していく学習のことである。学生の自己主導型の学習デザイン、教師のファシリテーションのもと、問題や問い、仮説などの立て方、問題解決に関する思考力や協働学習等の能力や態度を身につける[9]」と定義している。

筆者は大学で実施されているPBLは多様かつ複雑であり、一つの定義をあてはめることは難しいと考える。以下におい

7　「芝浦工業大学地域共創センター」（2019）p. 43。同大学のPROGへの取り組み事例に関するプレゼンテーション資料（https://pickandmix.co.jp/prog/images/pdf/2014progtyo_3.pdf）（2022年４月16日最終閲覧）。河合塾のウェブサイトでは、PROGテストには「リテラシーテスト」と「コンピテンシーテスト」の二つがあり、知識を活用して問題解決する力（リテラシー）と経験を積むことで身についた行動特性（コンピテンシー）の二つの観点でジェネリックスキルを測定すると解説されている（https://www.kawaijuku.jp/jp/research/progtest/）（2022年４月16日最終閲覧）。城西大学における教育活動全般の成果としてのPROG値の計測結果が紹介されている（坂本、2020）。

8　日本の大学におけるアクティブラーニングに関する広範な調査として、河合塾（2015）がある。

9　溝上（2016）p. 11

ては、PBLを設計するために必要な構成要素（選択肢）を提示することで、PBLをデザインして運営するために勘案すべき事項を示す。

まず、PBLに必須の構成要素は、教員、チーム（学生）、解決すべき課題、活動場所、プロジェクト・マネジメントの五つである。活動場所について、筆者のゼミのPBLでは授業開始時に教室に集まったあと、各チームが自分たちが活動しやすい場所に移動する。

次に、PBLをデザインする際に、**図表Ⅰ-1**に整理した項目と選択肢が参考になろう。例えば、ある架空のPBLを想定すると、実施主体は教員であり、対象を１・２年生（教養課程）とし、メンバーを学内から広く募集する。課題は教員が

図表Ⅰ-1　PBLの構成要素（選択肢）

| 項目 | 選択肢 |
|---|---|
| 実施主体 | 学外団体・企業　教職員 |
| 対象学年 | １・２年生（教養課程）３・４年生（専門課程） |
| 学生募集範囲 | 特定の母体（ゼミなど）・広く募集 |
| 課題設定 | 架空・現実 |
| 単位認定 | 対象・対象外 |
| 活動資金の裏付け | 有・無 |
| 関連部署職員の支援 | 有・無 |
| ICTの活用 | 有・無 |
| 非認知能力の向上 | 重視・重視せず |

（出典）筆者作成

学生に提示し、何らかの方法により成績評価（単位認定）をする。活動資金は調達する必要はなく、大学の既存のリソースで対応が可能である。学生がグループワークに費やすことができる時間は限られているため、ディスカッションや役割分担を通じた非認知能力の向上よりも、効率的にアウトプットを生み出すためのICTの活用を重視する。

別の架空のPBLでは、実施主体は学外の団体・企業であり、対象はゼミの３年生（専門課程）である。課題は学生が現実の社会から見つけ出す。成績はプロジェクトの過程とアウトプットから教員が評価する。商品開発を伴うため資金確保が必要になる。収集する情報がかなりの量になることや、積極的にPBLに関する情報を発信して賛同者を募る必要があるため、ICTを活用する。活動期間が10カ月と長期にわたる中で、非認知能力の向上も主たる教育目標に加える。

他方で、PBLのデメリットは教員の負担が大きいことである[10]。とりわけ学生が自由に課題を発見して解決策を見出す方式を選択すると、教員の専門分野ではカバーできない課題

---

10 中沢・松尾（2017, p.19）は、PBLのメリットがそのままデメリットになり得ることを指摘している。例えば、「課題の種類や課題へのアプローチが自由だということは、課題解決における典型的なプロセスをもたないということである」と述べている。また、「授業においてPBLを採用する場合には、授業期間内にどのような形で課題解決に至ることができるのか、授業開始時点で見通すことが教授者にとっても学習者にとっても困難である」、さらに「教授者側はプロフェッショナルでなくても構わないが、どのような課題でも必要となるスケジューリングやミーティングの設定の方法、チームビルディングの方法等、基礎的なスキル・態度についての教授は可能であるが、課題に即した知識・スキルの直接的な教授を行うことができない」と指摘している。

に取り組むことが起こり得る。筆者のゼミ生は、独自性を発揮するために先輩が手掛けていないテーマを設定する傾向がある。その場合でも、教員は学生に課題解決に必要なブレインストーミングや議論の仕方、チームビルディング、外部協力機関との関係構築、研究計画書の書き方、プレゼンテーションの方法などのPBLを推進するための汎用的ノウハウを提供することはできる。

PBLのようなグループ活動の場合、教員から誰がどの役割を果たしているのかが見えにくく、正確な成績評価は難しい。そうであるからこそ、アウトプットの形式（後述）を明確に設定しておく必要がある[11]。

さらに、教員にとってもプロジェクトメンバーにとっても不測の事態が発生することがある。協力者がある日突然行方不明になる、天候不良によりイベントが中止になる、企業に調査研究内容を十分に理解してもらえない、役所にメールを数回送っても返信がないといったことを筆者は経験した。

## （5）学びを再構築する力

**図表Ⅰ-2**が示すように、PBLに取り組む意義に、学生が自らの学びを再構築する機会の提供がある。つまり、課題解決のためにはどのような知識、情報、支援が必要かを自分たちで判断して確保する動作である。第一に、学生が指導教員の

11　中沢・松尾は、「PBLは、汎用的課題解決能力の育成を主眼に置くことで、専門知識や専門スキルを活かした課題解決に比べ、学習目標が相対的に抽象的なものになるという特徴を持つ」と指摘している(2017, p.19)。

図表Ⅰ-2 「学生」がPBLで自分の学びを再構築

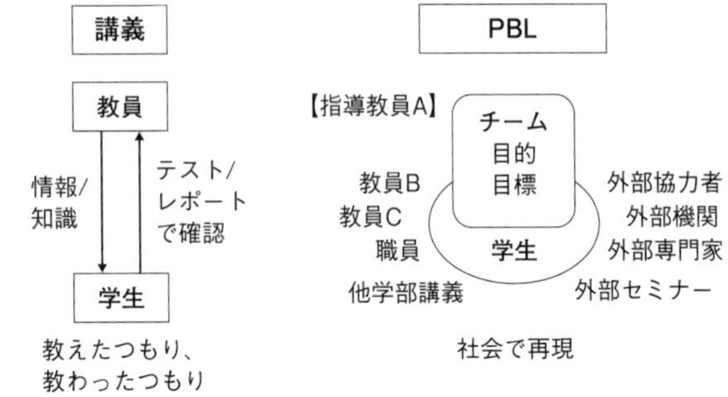


（出典）筆者作成

担当科目ではない講義を組み合わせて、PBLの目的の達成を模索する。学生は必要があれば、他学部の専門科目を履修する。語学教育の成果は、プロジェクトでの文献調査や現地調査などに活かすことができる。

第二に、学生は他の教員や学外協力者からの支援を得て課題に取り組む。獨協大学経済学部ではゼミは３年間必修であり、ゼミ生は原則として１人の教員のもとで３年間活動する。一方で、他の教員や外部協力者との交流により、多様な考え方に接することができる。課題解決に必要な人的ネットワークの構築も、社会で必要とされる重要な資質である。

第三に、アウトプットの形態が講義とは異なる。講義では筆記試験、授業中の発言、期末レポート、プレゼンテーションなどが想定される。これに対してPBLの場合は、商品の開発・販売、冊子の制作、イベントの実施、外部での発表などがアウトプットの中心になる。そのために企画力、編集力、発信力などを高める必要がある。

## （6）プロジェクト・マネジメント

PBLは文字通りプロジェクトの一形態である。PBLはチームを組成して、特定の課題について、決められた期限までに成果を残す活動であり、活動期間が終わると解散する。プロジェクト・マネジメントが適切に行われないと学修効果は期待できない。プロジェクトチームの発足を受けて最初に取り組むのがチームビルディングである。メンバーが決まった段階では学生グループであり、目的を共有するチームにはなっていない。チームビルディングの最大の鍵は、学生がプロジェクトに当事者意識（オーナーシップ）を持つことである。そのために筆者のゼミでは、教員ではなく学生がPBLで取り組む課題とメンバーを選択する方式を取り入れている。学生がお互いの特性を理解したうえでチーム内での自分の役割を認識し、チームとして機能するようになるには、PBL開始から２、３カ月を要する。

目標と目的の設定もチーム運営に欠かせない。プロジェクトチームの発足後できるだけ早い段階で、ゼミ生は目標と目的をチームと個人のそれぞれについて設定する。ゼミ生が設定する目標（to achieve）は、学外コンテストで優勝する、企業にビジネスプランを採用してもらう、商品の開発・販売を行う、プレゼン能力を高めるなど様々である。目標は、プロジェクト終了時にどの程度達成されたかを確認できる。ただし、目標だけを追いかけると、そもそも自分が何を目的に目標達成に取り組んでいるのかという疑問が生じる。

ゼミ生は目標に加えて目的を設定する。目的は、目標を達成するために努力することで得られる何か、あるいはプロジェクト終了時点で自分がなっていたい存在（to be）を指す。目標を達成することによって、自分に自信を付けたい、自分の考えを他者に伝えられる人になりたい、リーダーシップを身に付けたい、他者に良い影響を与えることができる人になりたいなど、目的もチームやゼミ生によって様々である。目的が適切に設定されていると、ゼミ生は目標の達成に向けて継続的に努力するようである。ただし、目的そのものが曖昧なだけに、教員がその達成度を把握することは困難である。

スケジュール管理はプロジェクト・マネジメントの基本である。コンテストの開催日、展示会の開催期間、論文の締切りなどから逆算して工程を管理する。スケジュール管理アプリの活用や、メンバーが定期的に会う日時を設定すること、こまめなスケジュールの確認などがポイントである。学生はゼミ以外にも部活サークル活動、アルバイトなどに取り組んでいる。ゼミが学生生活のすべてではない。情報の共有と管理も必須である。情報の収集、分析、整理などの作業はかなりの量に達する。メンバー全員がノートＰＣを持ち、議事録、文書データ、写真、動画、文献などをクラウド上で保存することにより、プロジェクト管理が格段に効率的になる。

活動費の工面もプロジェクト管理の重要な要素である。学生が用意できる金額は限られており、そのために大学施設の有効活用、印刷代の抑制、交通費の節約、補助金の申請などの対応をとる。補助金については、手続きが過度に煩雑な場合や、申請書類の提出から採用可否の通知までの期間が長い場合に、学生は申請を敬遠する傾向がある。

## （7）テーマ選定

テーマ選定はPBLの設計と成果に大きく影響する。当然のことながら、課題が大きすぎると期限内に終わらない。その場合は、期限内に終えることができる課題に落とし込む必要がある。逆にテーマが簡単すぎる場合は、より難易度が高い課題に差し替える必要がある。こうした調整は、締切りを睨みながら随時行う。例えば、一口に地域活性化と言っても、当該地域が衰退している背景には、出生率の低下や社会人口の流出超過などの大きな問題が潜んでいる。学生数名が10カ月間取り組むPBLで出生率や人口流出を逆転させる実効性のある解決策を導き出すことは困難である。解決策を思い付いてもその実施のために多くの利害関係者の意向を調整しなければならない。学生は大問題の解決を意識しつつ、自分たちで対応可能な大きさに課題を落とし込む必要がある。

テーマ選定の発想は二つに大別できる。一つは誰かが困っている状況を改善するための方法を案出することである。この場合は、誰が何に困っているのかを特定できれば、取り組むべき課題は明確になる（本人が課題を自覚していない場合もある）。災害時に避難所への避難の仕方が分からない外国人住民のための情報提供冊子の作成などが該当する。もう一つは、地域の既存資源を活用することによる課題解決である。草加市で言えば、伝統産業である草加せんべいや浴衣の購買層を拡大することは課題になり得る。

### （8）経済学部における「ゼミ型地域連携PBL」の構成要素（選択肢）

次に、経済学部における「ゼミ型地域連携PBL」について述べる。これは、経済学部に属するゼミを母体にチームを組成して、地方自治体、企業、地域住民、NGO／NPOなどと連携しながら地域が抱える課題の発見と解決に取り組むPBLである。そして調査研究成果や政策提言を届ける相手はそれらの組織・団体、そして地域住民である。対象地域は、大学が立地する地域、遠方の地域など様々である。

ゼミを単位としたPBLの場合、メンバーはともに学んだ経験を持ち、教員とのコミュニケーションも成立している。必要な知識もある程度メンバー間で共有している。毎週の授業で教員と定期的な接点があり、プロジェクト管理が比較的容易である。上級生からのアドバイスやサポートを受ける機会もある。

経済学部のゼミが取り組む地域連携PBLのテーマは、当然のことながら、ゼミで学んでいる専門分野がベースになる。フィールドワークによる現実課題の把握を経て、商品の開発や販売戦略の構築、地域活性化策の作成、ICTを活用したまちおこし、観光産業の振興などのテーマなどが導き出される。

**図表Ⅰ-3**は、経済学部のゼミを単位とする地域連携PBLの構成要素（選択肢）を整理したものである（教員の教育方針、科目特性などにより、構成要素は異なる）。例えば、大項目に含まれる「PBLのデザイン」について、教員が決める方式と学生にかなりの程度任せる方式がある。課題設定は、教員が指定する場合と学生が自ら見つけ出す場合がある。地域連

図表Ⅰ-3　経済学部のゼミを単位とする地域連携PBLの構成要素（選択肢）

| 大項目 | 中項目 | 選択肢 | 事例（多様性野菜レスキュー隊） |
|---|---|---|---|
| PBLのデザイン | PBL設計の主体 | 教員・学生 | 学生 |
| | 課題設定の主体 | 教員・学生 | 学生 |
| | 解決策の作成主体 | 教員・学生 | 学生 |
| | 研究計画書の作成 | 有・無 | 有 |
| | 詳細スケジュール | 作成・未作成 | 作成 |
| | 助成金などの申請 | 有・無 | 有 |
| 活動範囲 | 主な活動地域 | 学内・学外 | 学外 |
| | 学外ヒアリング | 有・無 | 有 |
| | 宿泊を伴う調査 | 有・無 | 無 |
| ビジネスプラン | ビジネスプランの作成 | 有・無 | 無 |
| | アンケート調査 | 有・無 | 有 |
| | 商品開発 | 有・無 | 企業に依頼 |
| | 販売活動 | 有・無 | 企業に依頼 |
| 地域連携 | 自治体との連携 | 有・無 | 無 |
| | 企業との連携 | 有・無 | 有 |
| | 自治体・企業との協定活用 | 有・無 | 無 |
| | 地域社会関係資本への影響 | 有・無 | 有 |

| | | | |
|---|---|---|---|
| アウトプット | 発表・プレゼンの機会 | 有・無 | 有 |
| | レポート・論文作成 | 有・無 | 有 |
| | 冊子など印刷物の作成 | 有・無 | 有 |
| | 学会・展示会などでの報告 | 有・無 | 有 |
| | 学外コンテスト参加 | 有・無 | 無 |
| | 政策提言作成 | 有・無 | 有 |
| 広報・啓発活動 | ICT・SNSなどの活用 | 有・無 | 有 |
| | メディア掲載 | 有・無 | 有 |

（出典）筆者作成

携は、地方自治体、地域の企業、町内会・自治会、商店街などが選択肢となる。連携する際に、大学と地方自治体が締結している協定を踏まえて活動する場合と、協定に基づかないで活動する場合がある。**図表Ⅰ-3**に参考事例として、筆者のゼミのチーム（多様性野菜レスキュー隊）が2021年度に実施した規格外野菜の廃棄削減を目的とした地域連携PBL（詳細は第6章参照）を付記しておく。

　学生は主体的に取り組みながらリアルな経験を積み、成長の機会を確保できる。その一方で、プロジェクトの責任者である教員の負担は教室での授業よりも格段に大きい。大学の教育研究活動として実施するため、学生が主体的に取り組むPBLであっても担当教員が管理責任を負う。

## 3 PBLのフィールドとしての草加市

### （1）概要

本節では、獨協大学がキャンパスを構える草加市の概要をPBLの視点から、同市ウェブサイトに掲載されている情報などをもとに整理する。草加市は埼玉県東南部に位置し、東京都足立区などと接している。合併を繰り返した歴史を持ち、その面積は27.46㎢である。2000年に彩の国中核都市に指定され、2004年に特例市に移行した。市制施行は1958年11月１日であり、2018年に市制60周年を迎えた。

市内には東武スカイツリーラインの四つの駅（新田、獨協大学前〈草加松原〉、草加、谷塚）があり、都心と直結している。獨協大学前〈草加松原〉駅の西側徒歩５分の地点に、前回の東京五輪が開催された1964年に開学した獨協大学が立地している。高度経済成長期の真っ只中であった1962年に、東洋一のマンモス団地と称された松原団地の入居が始まり、人口の流入と都市化が急速に進んだ。21世紀に入り、松原団地の建て替え事業や草加宿を中心とした都市計画「今様草加宿」が進められ、住民の流入が続いている。

2019年度の産業別市内総生産の内訳を見ると、第一次産業は僅かに0.02％であり、第２次産業が32.4％、第３次産業が67.0％であった（合計は100.0％にならない）。草加市の三大伝統産業は、草加せんべい、浴衣、皮革製品であり、草加市文化会館の伝統産業展示室「ぱりっせ」で観ることができる。

歴史的には、草加のまちは江戸時代に日光街道第二の宿場町として栄えたのが始まりで、松尾芭蕉の『おくのほそ道』

にもその名が記されているという。そして、旧日光街道脇を流れる綾瀬川沿いには「日本の道100選」に選ばれた国指定名勝「おくのほそ道の風景地　草加松原」がある。松尾芭蕉を見送ったとされる松並木沿いの遊歩道は、季節ごとに多くのイベントが行われ、草加市のシンボルとして市民が誇れる場所である。東京2020大会の聖火リレールートになった草加松原は獨協大学前〈草加松原〉駅の東側に位置する。2017年４月１日に、松原団地駅の駅名が「獨協大学前〈草加松原〉駅」に改称されたが、これには「獨協大学」を駅名とすることで「大学のあるまち」を想起させるとともに、国指定名勝の「草加松原」を副駅名とすることで観光地としてのPRに繋げる狙いがあった模様である。

## （2）人口動態と市民の繋がり

草加市の人口は緩やかな増勢基調にあり、2022年時点では人口減少局面に移行していない。住民基本台帳によると2023年１月１日時点の人口は25万966人であった。埼玉県内では、さいたま市、川口市、川越市、越谷市、所沢市に次いで６番目に人口が多い自治体である。同年１月１日時点の世帯数は12万3,178世帯で、市民の平均年齢は46.0歳である。

人口動態は自治体の政策を大きく左右する。**図表Ⅰ-4**は、草加市の将来人口を示している。その特徴は三つある。第一は、総人口が2040年頃まで横ばいで推移すると予測される中で、14歳以下の年少人口比率と15～64歳の生産年齢人口比率が低下し、65歳以上の老年人口比率が上昇することである。

第二は、住民の転出と転入が比較的多いことである。平成

**図表Ⅰ-4　草加市の将来人口推移**

| | 総人口（人） | 14歳以下の人口（%） | 15〜64歳の人口（%） | 65歳以上の人口（%） |
|---|---|---|---|---|
| 昭和57（1982）年 | 186,020 | 27.5 | 68.1 | 4.4 |
| 平成14（2002）年 | 231,083 | 14.5 | 73.7 | 11.8 |
| 令和４（2022）年 | 250,643 | 11.5 | 63.9 | 24.6 |
| 令和24（2042）年 | 248,084 | 11.6 | 58.6 | 29.8 |
| 令和44（2062）年 | 230,774 | 10.6 | 59.3 | 30.1 |

（出典）草加市（2022）『草加市統計データブック2022』p. ２より筆者作成

27〜令和２年の５年間の転入者は24,257人、転出者は22,398人で、人口の10%弱が入れ替わった（『草加市統計データブック2022』p. 101）。埼玉県・東京都との転入・転出者が多く、埼玉県の他の自治体へは転出超過、東京都との間では転入超過であった。草加市にとって、流入してきた住民を含め、いかに地元に愛着を持ってもらうかが鍵になっている。

第三は、年を追って外国人居住者が増えており、多文化共生のための施策が求められていることである。2022年末の住民基本台帳によると、外国人は8,900 人で総人口の3.5%に相当し、2013年の1.9%から大きく高まった。国籍別では、中国2,870人、フィリピン1,315人、ベトナム1,142人、朝鮮・韓国1,049人、モンゴル271人の順である。なお、『草加市統計書（令和４年版）』の国籍別人口統計には、草加市が東京2020パラリンピック競技大会の事前キャンプ地となった、コロンビア共和国出身者のデータは記載されていない。

草加市では、人口減少社会への転換が予想され、転入・転

**図表Ⅰ-5　草加市の町会・自治会加入世帯数と加入率**

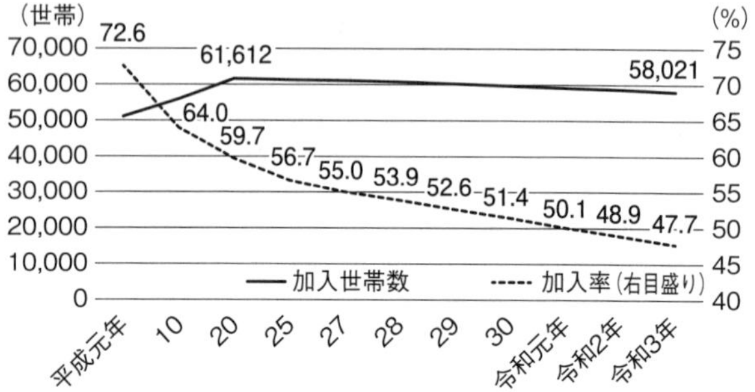


（出典）草加市（2022）『草加市統計データブック2022』などより筆者作成

出人口が多く、外国籍住民が増加する状況下、人と人の繋がりの形成と維持が喫緊の課題になっている。**図表Ⅰ-5**が示すように、住民交流の中心的な役割を担ってきた町会・自治会加入率は継続的に低下している。1989年の72.6％から2021年には47.7％まで低下し、過半の世帯が加入していない状態にある。草加市ウェブサイトでは、2021年９月時点で、市内で10ブロック118団体が地域活動を行っていたことが紹介されている[12]。町会・自治会では住民相互の親睦を深めるほか、安全・安心な住みよい地域にするために、防災、防犯、環境美化、福祉、教育など、様々な活動に取り組んでいるという。

草加市は、町会・自治会を補完する人と人の繋がり（社会関係資本）を作り出す必要がある。それは草加市が目指す共

12　草加市ウェブサイト「町会自治会の案内」（https://www.city.soka.saitama.jp/cont/s1401/030/040/010/01.html）（2022年８月５日最終閲覧）

生社会や快適都市の基盤になる。筆者は、本書で取り上げる東京2020大会とSDGsへの取り組みが、社会関係資本の醸成に寄与した、そして寄与することを期待している。

イベントや観光は人と人の交流を促進する。草加市では住民が参加するイベントが多く開催されており、住民同士の交流に寄与している。草加市ウェブサイトに、イベントの開催について「地域の安全・安心を守る活動を展開するためには、地域の親睦を深め、連帯意識を深めていくことが重要です。そのために、お祭りや餅つき、スポーツ大会など、地域の特色を活かした様々なイベントを開催しています[13]」と記されている。一方で、観光客の誘致は草加市の課題である。日常生活圏以外の場所へ旅行し、そこでの滞在が報酬を得ることを目的としない者で、観光地点及び行祭事・イベントを訪れた者である観光入込客数は伸び悩んでいる。新型コロナが流行した前年にあたる2019年は98万人にとどまり、川越市（776万人）、川口市（289万人）、春日部市（189万人）を大きく下回った（埼玉県「観光入込客統計調査結果」）。

## （3）市民の草加市への愛着と誇り

PBLのテーマを設定する際に、草加市民が地元の何にどの程度愛着を持っているのかを把握しておくべきである。「令和４年度（2022年度）草加市民アンケート」より[14]、市民が何に愛着を感じ、誇りをもっているかを確認する。

13 草加市ウェブサイト「町会・自治会に加入しましょう」（https://www.city.soka.saitama.jp/cont/s1401/030/040/010/PAGE000000000000051130.html）

同アンケートに、「あなたは、草加市の自然、歴史・文化、産業、生活環境等に愛着や誇り（親しみを感じたり、大切に思う気持ち等）を感じますか」という質問がある（p. 30）。2018年度から2022年度の間に、「感じている」は22.4％から13.4％へ大きく減少し、「やや感じている」は42.3％から44.9％へ僅かに増えた。「感じている」と「やや感じている」の合計は、64.7％から58.3％へ低下した。一方、「あまり感じていない」が21.3％から29.1％へ比較的大きく増え、「感じていない」は7.6％から7.7％へと僅かに増えた。全体として、愛着や誇りを持っている層が４年前よりも減少したことが見て取れる。回答者の年代を見ると、若い世代ほど「感じている」の割合が高い（17.0％）。70歳以上も「感じている」の割合が高い（15.9％）。居住年数が長いほど「感じている人」の割合は高まる。

## （4）自慢できるもの（伝統産業と草加松原）

「あなたが、草加市の自然、歴史・文化、産業、生活環境等で自慢できるもの、誇れるものは何ですか」という質問（リストから３つまで選択、p. 32）で、2022年度に最も回答率が高かったのは「草加せんべい、皮革、浴衣等の伝統産業」の58.9％であった（各伝統産業の数値は記載されていない）。2014年度の51.4％から2016年度には56.6％、2018年度に59.2％、そして2020年度に59.3％へと上昇していた。2022年度調査で

---

14 草加市ウェブサイト「令和４年度（2022年度）草加市民アンケート」（https://www.city.soka.saitama.jp/cont/s1003/030/040/R4honpen.pdf）（2022年８月20日最終閲覧）

年齢別の回答率をみると10～29歳が66.0％と平均を上回り、逆に60歳代が56.2％、70歳以上が49.2％と相対的に低い。

2014年に国の名勝指定を受けた「草加松原、綾瀬川沿いなどの景観」は、2014年度と2016年度がともに58.6％で、2018年度に51.1％へ一度落ち込んだ。2020年度に55.2％まで挽回したものの、2022年度には54.2％となり、名勝指定を受けた直後の2014年度のレベルには回復していない。回答者を年代別に見ると、10～29歳が39.2％と最も低く、60歳代が59.4％、70歳代が60.9％と高い。60歳代以上は、高度経済成長期以降の草加松原の再生の歩みを知っている世代である。

## （５）草加市が目指す将来像

「令和４年度（2022年度）草加市民アンケート」によると、草加市が目指すべき方向性として市民が重視している項目の第１位は、「医療体制が整った安心して暮らせるまち」の40.4％である（p. 36）。これは新型コロナの流行を反映していると思われる。第２位は、「高齢になっても、誰もが住み慣れた地域で自分らしく暮らし続けられるまち」の32.8％である。第３位は、「防災意識の高い、災害に強いまち」の31.7％である。そして第４位は、「事故・犯罪対策の充実した安全なまち」の30.5％であった。

対照的に、「市民・企業・行政の強い連携で市民力が高いまち」は2.8％、「ボランティアや地域行事等住民活動の活発なまち」は1.9％とかなり見劣りする。市民は安全で安心なまちを好ましいと考えているものの、市民参加型ではなく行政主導型で実現することを期待している感がある。ちなみに東京2020大会と関係のある「健康づくりやスポーツが盛んな健康的なまち」は4.0%であった。
「令和２年度（2020年度）草加市民アンケート」によると、「あなたは、どのような地域のまちづくり活動に参加したことがありますか」との質問（p. 74）に対して、「参加したことがない」は2018年の58.4%から2020年に64.0%へ上昇した。新型コロナの影響で多くのイベントが中止・延期されたとはいえ、市民は参加に消極的である。

同じく「あなたが、お住まいの地域で、まちづくり活動の課題だと思うことは何ですか」という質問（p. 76）への回答の第１位は、「住民同士の関係が薄れている」の31.4%であった。第２位は、「住民同士が交流する機会が不足している」の25.0%、そして第３位に「商業活動が停滞している」が22.6%で続いた。ここでも住民同士の関係性が薄れている。草加市では住民が重視している施策を行政だけで実現することは難しく、住民によるボランティア、市民参加型の活動、そしてスポーツをきっかけとした住民同士の交流を作り出すことが欠かせない。しかし、現状、上述の通り既存のネットワークである町会・自治体加入率は継続的に低下している。社会関係資本を醸成するための政策が求められる。

草加市が東京2020大会の聖火リレールートに草加松原を推奨した理由として、市民が愛着を持つ草加松原を聖火ランナーが走ることを、人と人の繋がりの再構築に役立てたいとの意図があったと思われる。そして、後述するように、多様性と包摂性、観光、国際化推進などの視点から、コロンビア水泳チームのホストタウンとなる必然性があったと考える。

# 第2章

# 高安健一ゼミのPBLへの取り組み

筆者は獨協大学経済学部に着任した2009年当時、PBLに関する知識を全く持っていなかった。にもかかわらず、ゼミにおいてPBLに取り組むようになったのは、21年間の民間企業勤務の経験から、課題発見能力と課題解決能力の重要性、そしてチームで解決策を模索する必要性を体験的に理解していたからである。本章では、偶然始めたPBLがどのような軌跡を経て今の姿に至ったのかを振り返る。

以下では、まずPBLに興味のある学生の採用、２年生次から４年生次までのゼミ活動のプログラム、アウトプットの内容について述べる。次に、冊子・リーフレットの作成、メディアでの活動内容の紹介、そしてPBLの成果の地域への発信について説明する。

## 1 2009年度から2021年度までの概観

筆者のゼミでは2009年度から2021年度までの間に、計50のPBLに取り組んだ。その取り組みを四つの期間に分けて概観する。

第１期（2009年度-2010年度）は、筆者がゼミの運営に試行錯誤した期間である。獨協大学に着任した当時は講義科目の準備に追われていたため、2009年度にゼミに加わった２年生が翌年度に３年生に進級した際にその場しのぎで始めたのが講義の準備を要しないプロジェクト方式の授業であった。

第２期（2011年度-2015年度）は、学外コンテストに積極的に挑戦した期間である。学外の団体や学会が主催・共催するコンテストなどに参加し、他大学のゼミの優れた点を取り

図表Ⅱ-1　高安ゼミにおけるPBLの概要（2009年度～2021年度）

<table>
<tr><th>期間区分</th><th colspan="2">関心の対象</th><th colspan="2">アウトプット</th></tr>
<tr><td>第１期（2009年度-2010年度）</td><td rowspan="8">途上国</td><td rowspan="4"></td><td rowspan="8">報告会＋レポート</td><td rowspan="2"></td></tr>
<tr><td>立ち上げ期</td></tr>
<tr><td>第２期（2011年度-2015年度）</td><td>雄飛祭</td></tr>
<tr><td>学外コンテスト挑戦期</td><td>学外大会</td></tr>
<tr><td>第３期（2016年度-2019年度）</td><td>SDGs</td><td>商品開発</td></tr>
<tr><td>活動範囲拡大期</td><td>オリパラ</td><td>冊子作成</td></tr>
<tr><td>第４期（2020年度-2021年度）</td><td>地方再生</td><td>学外発表</td></tr>
<tr><td>コロナ禍対応期</td><td>草加市</td><td>学外出展</td></tr>
</table>

（出典）筆者作成

入れた。

第３期（2016年度-2019年度）は、SDGsが国連で採択されるとともに、地方創生が全国的なテーマとして浮上した時期であり、現在に至るまで継続している。海外からの観光客の急増と東京2020大会が、海外要素と連動した地方活性化のテーマとして学生の関心を集めた。

第４期（2020年度-2021年度）は、コロナ禍で草加市に注目したPBLを展開した期間である。行動が制限されたことから、大学近隣の課題に目を向けざるを得なかった。学生が関わることができる課題が地元に多く存在することを再認識できたことは幸運であった。

## 2 PBLに興味を持つ学生の採用

PBLの円滑な運営は、プロジェクト活動に興味を持つ学生を集めることから始まる。経済学部のゼミの定員は1学年16～22名であり、1人の教員が3学年計48～66人を指導する。ゼミ生の選考は1年生の9月末から本格化する。この時点で1年生は専門科目を履修しておらず、ゼミの研究内容に関する知識は限られている。

1年生はゼミ選択に際して、経済学部が作成する『演習の手引き』を活用する。そこには演習を担当するすべての教員について、ゼミのテーマ、使用するテキスト、授業内容、学生に望むこと、選考方法などの情報が記載されている。筆者のゼミの研究テーマは「開発経済学：SDGs時代の理論と実践」である。理論と実践の意味するところは、両方をバランスよく学び経験することである。「SDGs時代の」を加えて、ゼミ活動がSDGsの達成と連動していることを明示している。以下は、筆者が2023年度の2年生向け『演習の手引き』に掲載した文章である。

あなたは何を基準にゼミを選択しますか？　高安ゼミの目的は、卒業後も学び続けて社会の変革に貢献できる人材を輩出することです。開発経済学を筆頭に様々な学問分野の知見を取り入れ、国内外の社会的課題解決の仕組みを、“民間企業の視点”から実践的に考えます。10年後、学生時代に蓄えた知識は忘れても、思考力や行動力は財産として残ります。

そして、30年後もあなたの判断力を支えることでしょう。

高安ゼミは学生主体のゼミです。学生が自らの学びをプロデュースする力を付けることを重視します(Learning over Education)。開発経済学を縦軸、他の学問分野を横軸に、自ら設定した課題に取り組みます。国内外の課題を解決するためには、ものづくり、制度構築、デザインなどの知識も必須です。学生はこうした能力を「プロジェクト型課題解決学習（PBL)」を通して着実に身に付けます。プロジェクトを含むゼミ活動全体で、「持続可能な開発目標（SDGs)」への取り組みを強く意識します。

経済学部では２年生から４年生まで原則３年間ゼミを変更できないため、教員は運営方針や研究内容などを学生に丁寧に説明してミスマッチを防ぐ必要がある。筆者のゼミの説明会では、２年生、３年生、４年生の順にゼミ生がスピーチやプレゼンテーションをする。これにより１年生は、１年後、２年後、そして３年後に自分が成長しているイメージを持つことができる。さらに「ゼミ誌」を配布している。これは、３年間のスケジュール、プロジェクトチームの活動、ゼミ以外の学生生活、就職先一覧、ゼミ活動（アウトプット)、担当教員のプロフィールなどを28頁にまとめた小冊子である。１年生が同級生や部活サークルなどの先輩から入手するゼミに関する情報は主観的で精度が低い。的確な情報を積極的に提供する必要がある。

## 3 演習1（2年次）

### （1）春学期

**図表Ⅱ-2**は、筆者のゼミの２年次から４年次までの活動スケジュールである。２年次をPBL準備期、３年次をPBL実践期、そして４年次をPBLで学んだ事項を就職活動や卒業研究論文（以下、卒論）作成に活用する期間として位置づけている。

まず、２年次の演習１では、テキスト輪読、討論力の向上、期末レポート執筆などにより、基礎学力を多面的に涵養することを心がけている。目的は開発経済学に興味を持つことと基本的な知識を身に付けることである。春学期の授業の組み立てはオーソドックスで、テキストを読み、レジメを作成して発表し、議論を通して新しい知見を獲得することを繰り返す。

筆者のゼミは「学生主体」である。ファシリテーター、講師、討論者で構成される３、４人のグループが討論点と討論形式を決め、授業を進行する。教員が指定したテキストから学生が討論点を設定し、討論形式（ディスカッション、ディベートなど）を決める。ファシリテーターらで構成されるグループは、何を討論点に設定すべきか頭を悩ませる。討論点は原則として授業日の一週間前に他のゼミ生に伝えられる。課題を設定して全員で議論し、適切な解決方法を探る経験は３年次のPBLの準備体操にもなる。

春学期のテキストは、開発経済学の初学者向けの書籍４冊であり、論者によって開発政策に関わる基本認識やSDGsの

図表Ⅱ-2　ゼミ活動スケジュール（３年間）

| | | |
|---|---|---|
| １年 | 春学期 | 入学 |
| | | クラスセミナー・レポート（演習担当教員にも提出） |
| | 秋学期 | 演習Ⅰ選考 |
| | | 歓送迎会 |
| ２年 | 春学期 | テキスト輪読 |
| | | グループワーク |
| | | 企画書発表 |
| | | レポート提出 |
| | 夏合宿（全学年） | テキスト輪読 |
| | | グループワーク/シンポジウム |
| | 秋学期 | グローバルフェスタ取材（メモ提出） |
| | | テキスト輪読 |
| | | 学生企画授業 |
| | | 企画書発表 |
| | | レポート提出 |
| | 春合宿（２年のみ） | グループワーク |
| | | 個人スピーチ |
| ３年 | 春学期 | プロジェクトチーム活動 |
| | | 中間報告会 |
| | | 研究計画書提出 |
| | 夏合宿（全学年） | テキスト輪読 |
| | | グループワーク/シンポジウム |
| | | プロジェクト中間報告会 |
| | | ４年生就活報告会 |
| | 秋学期 | 演習Ⅰ説明会 |
| | | 雄飛祭での発表 |
| | | プロジェクト最終報告会 |
| | | プロジェクト活動報告/レポート提出 |
| ４年 | 春学期 | 卒業研究企画書提出 |
| | | テキスト輪読 |
| | 秋学期 | 卒業研究中間報告提出 |
| | | 卒業研究報告会 |
| | | 卒業研究提出 |
| | | めでたく卒業 |

（出典）筆者作成

評価が異なるものを選んでいる。学生には、テキスト輪読を通して同じ事象に対する見解が論者により異なることがありえることを認識するとともに、自分はどの論者の立場に近いかを考えることを促している。

春学期の終盤に、２年生はテキスト輪読で得た知識と問いの立て方を参考にして「私たちが考える貧困削減策」についてグループ発表を行う。聴き手は他のゼミ生と数名の先輩である。その後にゼミ生は、企画書検討会を経たうえで期末レポートを提出する。テーマは学生が決める。筆者の講義科目である開発経済学と東南アジア経済論も期末レポートで成績を評価しているため、ゼミ生は１カ月ほどの間に三つのテーマについてレポートを作成する。９月中旬に催す夏合宿で、２年生はビブリオバトル、ディベート、そして３年生と４年生との合同企画に取り組む。

## （2）秋学期

秋学期の授業は春学期と同様に、ファシリテーター、講師、討論者で構成されるグループがテキストをもとに討論点と授業形式を決めて進行する。春学期の授業では100分間でテキストの二つの章を消化したのに対し、秋学期は１回の授業で一つの章を掘り下げ、ディスカッションやディベートの密度を高める。

秋学期のテキストは、途上国の状況説明、課題発見、調査・研究、分析枠組み、政策の順で構成されている。これは３年次に取り組むPBLの工程とほぼ同じである。秋学期は、二つの企画に取り組む。一つは、10月６日の国際協力の日を記念して毎年９月末から10月初めにかけて開催される、日本最大の国際協力イベントであるグローバルフェスタJAPANでの取材活動である。途上国の現場で活動する政府機関、国際機関、NPO/NGO、企業などの出展ブースを訪れて、取材メモを教員に提出する。出展者は学生の質問に丁寧に答えてくださる。グローバルフェスタJAPANは、春学期にインプットされた知識と途上国の現場を繋ぐ場であり、３年次のPBLで経験するヒアリング調査の意義と楽しさを知る機会にもなる。

もう一つは、グループ発表の機会である。春学期のグループ発表よりも長い準備期間を確保し、ゼミ生がテーマを大学や筆者が理事をしている国際協力NGOなどが抱える課題から選ぶ。想定する聴き手は大学職員、NGOスタッフなどである。これまでに大学における給水器の設置、キャンパスの食環境の改善、英語試験の受験率向上、コロナ禍で大学施設の密を避ける方法などが提案された。

## 4　３年次のPBL活動

### （１）全体像

**図表Ⅱ-3**は、筆者のゼミで取り組んでいるPBLの実施プロセスと身に付く素養の全体像を示している。PBLの実施プロセスは大まかに、プロジェクトチームの組成、課題発見、課題解決策の作成と実践、学内外でのアウトプット、成果の対外発信に分けることができる。３年次の４月にプロジェクトチームを結成した時点では、取り組むテーマは漠としている。その後課題を見つけるために調べる作業が続く中で、メンバーの役割分担が徐々に明確になる。春学期の終わりまでに９月以降の活動スケジュールを盛り込んだ研究計画書を作成

図表Ⅱ-3　PBLの実施プロセスと身に付く素養

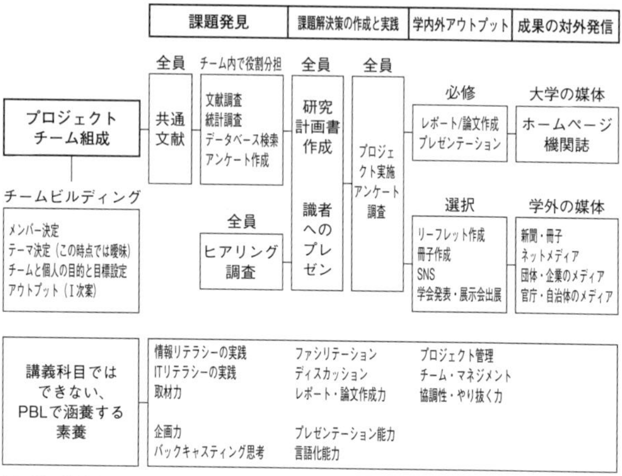

（出典）筆者作成

し、それに従い学内外でのアウトプットの準備を進める。そして、活動成果を学内外で発表する。これらの過程で、メディアリテラシー、ITリテラシー、取材力、企画力、議論する力、伝える力、チーム力などの素養が身に付くことが期待される。

## （2）プロジェクトチームの立ち上げ

### ①PBLの基本情報の提供

２年生が先輩のPBLに触れる機会を設けている。筆者のゼミでは３学年のゼミ生が一堂に会すると50人を超えるため、学年別に授業を行っている。このため、２年生が先輩のPBLの取り組みに接する機会を三つ用意している。

一つ目は、９月中旬の夏合宿で３年生が行うPBL中間報告会である。研究計画書を踏まえ、秋学期に向けた活動内容が報告される。二つ目は、11月初旬に開催される雄飛祭（学園祭）での発表会である。プロジェクトの仕上げに入る前の段階での発表であり、聴き手は一般来場者である。三つ目は、年明けの１月に行われる３年生のプロジェクト最終報告会である。これは２年生を聴き手として開催される。これらの報告会以外にも２年生は、クラウド上に保存されている先輩のプロジェクト資料を閲覧できる。先輩が作成した冊子やリーフレット、開発した商品、プレゼンテーション動画などからもPBLのイメージを膨らませる。

**②ゼミ生が取り組みたいテーマの集約と提示**

PBLに取り組むには、まずテーマ選定とチーム分けをしなければならない。２年生は、３年生に進級する直前の３月下旬の春合宿でプロジェクトチームを立ち上げる（2020年から2022年までコロナ禍で合宿ができなかったため、オンラインでチーム分けをした）。

ゼミ生は教員（筆者）に春合宿の数日前までにプロジェクトで取り組みたいテーマと選んだ理由をメールで送る。筆者は各ゼミ生から受け取ったテーマを分類して春合宿前にゼミ生に送信する。そして、２泊３日の春合宿の最終日の午前中に、ゼミ生はPBLのテーマとメンバーを決める話し合いを行う。セミナールームで一人ひとりが関心のあるテーマについて簡潔に説明した後に、部屋のあちらこちらで話し合いが始まる。

筆者はゼミ生からの質問に答えるものの、テーマ選びやチーム分けに口を挟まない。学外大会に出場する場合でも、優秀な学生を指名してチームを組成することはない。ゼミ生のプロジェクトへの当事者意識を高めるには、ゼミ生が自らテーマとメンバーを決める必要があると考えている。課題設定を学生に任せた場合、教員が取り組んでほしいテーマが選ばれないリスクもある。ゼミ生にとって小学校から大学までの16年間で、PBLに長期間従事できる唯一の機会であるため、彼らの意向を尊重している。

近年、筆者のゼミでは、3年生16〜19人が三つのチームに分かれてプロジェクトに取り組んでいる。数年前まではゼミの定員が1学年25人前後であったため、4、5チームが活動していた。プロジェクトの実施期間は3年次の4月から翌年1月までの10カ月である。大学におけるPBLの実施期間としてはかなり長い部類に入ろう。

### ③目標と目的などの設定

4月に入り、3年生の最初の授業で新チームは二つの事項を発表する。一つは、リーダーとサブリーダーである。リーダーが1人で悩みを抱えてしまうことを避けるため、サブリーダーを配置する。その他に、学生が自主的にファシリテーター、ミーティングの記録係、アポイントメント取得係などの役割分担を決めることがある。

もう一つは、先述の通り、プロジェクトの目標と目的を、チームと個人の双方について発表することである。目的とはプロジェクト終了時点で自分やチームがなっていたい状態を指す。目標は目的を実現するために達成すべき事項である。目標だけを設定した場合、チームが何を目指して活動しているのかが揺らぐことが多い。

### ④アウトプットの機会の設定

筆者はゼミ生に、学内外でのアウトプットの機会をプロジェクトの初期段階で設定（後日変更可能）するように伝えている。学外コンテストへの参加、冊子やリーフレットの作成、国際協力イベントや環境展への出展、商品開発等々、メンバーが話し合って決定する。アウトプットを意識すると、大会やイベントの開催日などから逆算してスケジュールを組み立てることができる。

以上の経過を経て、３年生の４月時点で、取り組みたいテーマ、プロジェクトメンバー、リーダーとサブリーダー、目的と目標、学内外のアウトプットの機会、大まかなスケジュールが揃う。

３年生になると、ゼミ生の多くがプロジェクトに活用できる資質やノウハウを身に付けている。第一は、非認知能力である。アルバイトや部活サークル活動などを通じて、コミュニケーション能力や組織運営力を身に付けている学生は多い。第二は、学生が持つスキルである。SNSを活用した情報の収集や発信、冊子制作、プレゼンテーション資料の作成、動画や写真の撮影スキルなどはゼミ活動にも大いに役立つ。第三は、学生が持つ人的ネットワークである。例えば、他大学の事情を調べる際に、高校時代の友達に情報提供を求めることがある。

### ⑤課題発見

４月中旬より、具体的な課題を見つける作業が本格化する。この時点で各チームの頭にあるテーマは、食品ロスを削減したい、地方を再生したい、途上国の子どもたちの健康を改善したいなどぼんやりとしている。テーマに関する先行研究のリサーチやヒアリング調査を経て、テーマが変更される場合もある。むしろ、当初設定したテーマでプロジェクトが進むことの方が希である。なぜならば、教室の中で限られた情報と知識をもとに想定した課題と、リアルな課題の間にギャップが存在するからである。

### ⑥ヒアリング調査の重要性

PBLでは、専門家や当事者へのヒアリング調査は極めて重要である。学外でのリアルな課題は取材なしに把握できない。教室で得られない知識、情報、そして知見を集めることで課題の適切な把握と解決策に近付くことができる。

学生は何を、誰に、どの順番で取材するかを予め整理したうえで、アポイントメントを取得する。学生はプロジェクトの目的を文書化し、質問リストを作成し、入手した情報の使い道などを取材相手に伝えなければならない。プロジェクトの初期段階では、学生はテーマの全体像を把握しきれておらず、質問が曖昧なものになる傾向がある。

ヒアリング調査の取材相手にプロジェクトへの協力をお願いするケースが多々ある。取材相手から低評価を受けると、協力は得られない。取材相手に学生を支援する義務はない。自分たちが考えていることが荒削りだけれども面白いと思ってもらえること、学生の熱意が伝わること、そして学生の活動が社会的課題の解決に繋がることなどを伝えることが、協力を得るためのポイントである。

筆者のゼミでは、原則ゼミ生がアポイントメントを取得し、筆者はヒアリング調査に同席しない。同席するのは、取材相手が希望する場合、大学と取材相手の企業や団体が組織対組織の関係にある場合、学生だけでは判断できない事項を打ち合わせる場合などに限られる。

**⑦教員によるアドバイス**

PBLを「学生主体」で推進する場合でも、教員からのアドバイスは必要である。第一に、テーマ設定の細部までメンバー全員の意見が完全に一致することはなく、妥協する必要性を伝える。第二に、プロジェクト期間の10カ月でできる範囲に、テーマと解決策を設定するように伝える。やりたいことをすべてやろうとするとキャパシティーを超えてしまう。第三に、テーマの大枠を決めたあとに、文献調査、ヒアリング調査などを経てリサーチクエスチョンを組み立てることを伝える。第四に、企業や自治体の組織体系や意思決定メカニズムを学生に伝えることで、外部協力者との意思疎通を円滑にする。

## （3）研究計画書の作成と実践

PBLの活動期間である10カ月のおよそ半分が課題発見と研究計画書の作成に費やされる。研究計画書の構成要素は、①プロジェクトの趣旨、②課題と想定される解決策、③期待される効果、④学外協力者への依頼事項、⑤スケジュール、⑥参考文献などである。

研究計画書は春学期の課題発見に費やした努力と、秋学期の解決策の実践を繋ぐ重要な役割を果たす、10カ月に及ぶPBLの中間取りまとめであり、課題解決に向けた道筋を整理した文書である。企画書作成力は社会人になっても極めて重要である。自分がやりたい仕事をするためには、上司をはじめ多くの人を説得しなければならない。企画書作成力とプレゼンテーション能力を学生時代に養うと、仕事力を高めることができる。

筆者のゼミでは、研究計画書を完成させる前に、知り合いの企業関係者からチームごとにコメントをいただく機会を設けている。ビジネスの視点からの評価である。企画の肝となるアイデアの妥当性、企業の支援を受けるための方法、採算性、対外アピールの方法などについてアドバイスを受ける。

夏期休暇前に研究計画書を仕上げることは、チームメンバー、教員、外部協力者の間での課題、課題解決へのアプローチ、スケジュール、役割分担などの共有にも有益である。研究計画書を作成しておくと、後日自分たちのプロジェクトの方向性が揺らいだ時に、もとのシナリオに立ち返ることができる。

このようにして３年次の夏期休暇前に、ゼミ生はチームビルディング、基本文献のサーベイ、情報収集と整理、学外でのヒアリング調査、アンケート調査、研究計画書の作成、プロジェクト管理の基礎についての学びを一通り終える。PCや表計算ソフトの実践的な使い方、プレゼンテーション技法、コミュニケーション能力などもある程度身に付いている。チームメンバー間の議論を通じて、ディスカッション能力も向上している。これらの能力やスキルを秋学期のPBLのアウトプット期に総動員する。

## （4）PBLのアウトプット

筆者のゼミのPBLでは、「学内」におけるプレゼンテーションの機会として、企業関係者への企画書発表、夏合宿でのプロジェクト中間報告、雄飛祭（学園祭）での発表、秋学期最後の授業での報告会などを設けている。加えて、プロジェクトに関するレポート/論文を秋学期最後の授業で提出する。

プロジェクトの初期段階に「学外」でのアウトプットの機会を仮設定する。それらは、①学外コンテストへの参加、②イベントへの出展、③学外での成果報告、④商品の開発・販売、⑤冊子やリーフレットの作成・配布など多彩である。学外でのアウトプットを重視する理由は三つある。第一に、社会的課題の解決を目的に掲げているPBLとして、調査研究成果の学外での発表は必須である。第二に、PBLの成果について外部評価を知ることができる。第三に、学外機関と新たなネットワークを構築するきっかけとして活用できる。

次に、学外コンテストへの参加、研究発表、商品開発、冊子・リーフレットの作成などのアウトプットについて述べる。

## （5）学外コンテストへの出場

### (a) 出場する意義と注意点

学外コンテストは、他大学のチームと競い合う機会である。

専門家である審査員を説得するためには、提案の質を高めプレゼンテーション技法を磨く必要がある。

学外コンテストへの出場は、課題解決能力を高めるための有力な手段の一つである。自ら課題を発見して解決策をグループで構築し、第3者に提案するプロセスはPBLと類似する。大学生を対象としたコンテストは着実に増えている。その目的は、起業家の発掘、実現性のあるアイデアの募集、次世代の人材育成など様々である。主催者は、一般企業、シンクタンク、新聞社、地方自治体、中央官庁、教育機関、学会、NPO/NGO、学生団体など多岐に及ぶ。

PBLの一環として学外コンテストに参加する意義は三つある。第一は、チームとしての目標が明確になることである。予選を突破する、入賞する、最優秀賞を獲得するなどの目標を設定できる。課題の提出日や大会開催日などが定められていることから、スケジュールを固定できる。

第二は、審査基準が明確なことである。審査基準は事前に公表されており、それをクリアーするためのプランを考えることが課題である。審査基準に革新性と実現性の双方を含むコンテストがある。革新的かつ実現可能性が高いアイデアを形にすることは容易ではなく、かなりの努力を要する。

第三は、自分のチームのレベルを推察できることである。他大学のプレゼンテーションとの比較は自己評価に役立つ。学内では聴くことができない専門家のコメントも非常に有益である。普段接する機会の少ない遠方の大学の学生と交流することで、学生の視野は広がる。

学外コンテストへの参加を検討する際に注意すべきことが

ある。最も重要なことは、ゼミの人材育成方針や研究テーマと合致していることである。それぞれの学外コンテストの特徴を理解したうえで、参加の可否を決めるべきである。学外コンテストへの参加を検討する際に確認すべき事項を七つ挙げる。

第一は、応募チーム数である。チーム数が多い場合は書類審査や予選を突破できず、本選に進めないことがある。

第二は、事前提出物の有無である。提出物が大会当日の発表資料のみの場合もあれば、事前に論文と発表資料の提出を求められる場合もある。さらに、論文や発表資料が主催者のウェブサイトで公開されるコンテストもある。

第三は、質疑応答の有無である。これにより発表資料に盛り込む情報や事前準備に違いが生じる。

第四は、フィールドワークの義務付けである。地方創生がテーマに設定されているコンテストでは、フィールドワークが課題提出の前提条件になっていることがある。地元の観光資源を発見し、協力者を見つけるなどの行動が必要になる。現地調査を終えるとほっとして、プロジェクトが終了したと錯覚する学生がいるので、注意が必要である。

第五は、提案の実現である。学生の提案を自治体の施策や企業の業務に取り入れることが謳われている大会がある。提案が採用されると効果を検証する機会を得られる。

第六は、採点表やフィードバックシートの提供である。学生は、自分たちの提案の優れた点、改善すべき点などを把握でき、次の機会に活かすことができる。

第七は、大会終了後の交流会である。他大学の学生や教員、コンテスト主催者と意見交換ができる。普段接触の機会がない遠方の大学の学生との交流の機会になる。

### (b) 日経GSR学生アイデア・コンテスト

筆者のゼミは、**図表Ⅱ-4**に示した通り、2021年度までに五つの学外コンテストに計11回出場した。日本経済新聞社と公益社団法人日本経済研究センターが共催した「日経GSR学生アイデア・コンテスト」は、筆者が獨協大学に着任してから初めて参加した大会であり、2011年（２期生）から2015年（６期生）まで５年連続で出場した（2015年の第６回大会を最後に終了)。同コンテストでの経験は筆者のゼミ運営に非常に役立った。

日経GSR学生アイデア・コンテストのGSRとは、企業のグローバルな社会的責任のことを指し、SDGsを先取りした大会と言えよう。６年間におよそ500人の学生が全国から参加したコンテストであり、日本の人材育成に貢献した。

参加チームは、コンテストを支援する企業から、２社のリソースを組み合わせてグローバルな社会的課題を解決するプランを提案する。筆者のゼミがお世話になった企業は、第一三共株式会社、富士ゼロックス株式会社（現富士フイルムビジネスイノベーション株式会社)、株式会社日立製作所、株式会社ベネッセコーポレーション、株式会社ファンケル、そして千代田化工建設株式会社である。これら企業の担当者は学生のヒアリング調査に真摯に対応するとともに、本選でのゼミ生の報告に有益なコメントを寄せてくださった。

プランの発表は、全国から七から九つの大学のチームが東

## 図表Ⅱ-4　学外コンテスト参加一覧

1．日経GSR学生アイデア・コンテスト（第６回大会を最後にコンテスト終了）

| | |
|---|---|
| 第２回（2011年） | 「ライフネットワークで救え、アジア最貧国」優秀賞 |
| 第３回（2012年） | 「インドで起こす医療革命～ポストMDG s の世界を創る～」ユニーク賞 |
| 第４回（2013年） | 「共に未来をつくるチカラ～ナイジェリアのアバンヤちゃんにできること～」最優秀賞 |
| 第５回（2014年） | 「障がい者と築くつながる社会～ ベトナムの大地に育むInclusive Business ～」最優秀賞 |
| 第６回（2015年） | 「僕らの手で組み立てる未来～インドの若者と、モノづくりで社会を変える～」優秀賞 |

2．CSR構想インターゼミナール大会

| | |
|---|---|
| 2016年 | CSRチーム「ミャンマーの栄養改善プログラム～スピルリナで母子の命を救え～」最優秀賞、学生大賞、ポスターセッション賞 |

3．大学生観光まちづくりコンテスト

| | |
|---|---|
| 2017年<br>（北陸ステージ） | チーム関東女子「まちこい～私たちの第二の故郷はあなたの誇れるまち～」北陸経済連合会賞、パフォーマンス賞 |
| 2019年<br>（北陸ステージ） | すごそうか北陸チーム「世界一旅慣れたフランス人を魅了する北陸周遊観光～HOKURIKUを世界ブランドに～」ポスターセッション優秀賞 |
| 2020年<br>（持続可能な観光まちづくりステージ） | Dokkyo ∞Cycく～るチーム「自分の好きを見つける旅　Freedom サイケーション～NO密で濃密なひとときをin茨城」佳作 |

4．インナー大会

| | |
|---|---|
| 2017年<br>（プレゼン部門） | 食育チーム「タイに健康経営を届ける～健康でつくるタイと日本の明るい未来～」 |

5．福井県おおい町まちづくり政策コンテスト

| | |
|---|---|
| 2018年 | ビジネス創造チーム「未来への架け橋プロジェクト～人とアイデアを繋ぐ仕組み～」特別賞 |

（出典）筆者作成

京都新橋の電通ホールに集い行われた。各大学はプレゼンテーションソフトなどで作成した資料を投影しながら15分間発表した。審査員は、日本経済研究センター関係者、企業関係者、ジャーナリスト、NPO代表、日本を代表する企業の会長などであった。本選後に審査結果発表会を兼ねた懇親会が行われ、他大の学生、支援してくださった企業の方々、審査員との交流の場となった。コンテストの様子は日経映像でライブ中継されるとともに、後日その映像を保存したDVDと審査結果が研究室に届いた。

日経GSR学生アイデア・コンテストは筆者のゼミのテーマである開発経済学と非常に相性の良い大会であった。出場した5回とも途上国（バングラデシュ、インド2回、ナイジェリア、ベトナム）が直面する課題を取り上げた。ベトナム（第5回）とインド（第6回）の提案の作成にあたり、ゼミ生は現地調査を実施した。

筆者のゼミが取り上げたテーマは、農村部における医療サービスの提供、障がい者のための義手・義足作り、効率的な物流体制の構築、ICTを使った無電化農村地域での学習システムなど、文系学生が敬遠しがちなテーマであった。筆者のゼミは、最優秀賞を2回、優秀賞を2回、ユニーク賞を1回獲得した。

**卒業生の声**

**遠藤功一郎**（日経GSRチーム　4期生 2015年3月卒）

プロジェクトを通して、社会人として、ひいては人として生きるうえで、非常に大切なことを学びました。

まず、最も大事なのは、自分自身が当事者意識を持てる、かつ、解くべき意義のある課題を定義することです。そして、その課題を解決するためのソリューションを、いまあるリソースを組み合わせるという観点から模索しました。考え抜いたプランの内容や込めた想いを正確に人に伝えることにも注力しました。勝負所ではたとえ多少ワークライフバランスを無視してもハードに活動することも大事です。チームで動くことの威力と、難しさなど、数え上げるときりがありません。プロジェクトを通して学んだことは、私のビジネスマンとしての血となり肉となっています。

また、GSRコンテストは私の職業選択においても大きな影響を与えました。コンテストに参加した当時、文系（経済学部）で１行もコードを書いたことがない私が、新卒でシステムエンジニアとして入社した会社は、プロジェクトでタッグを組んだ企業と同じグループに属していました。その後、プログラミング教育を届ける教育系のベンチャー企業で働く経験もしました。

当時は気づきませんでしたが、今振り返ってみると、多くを学び、影響を受けていたのだと改めて思います。もし、もう一度大学生活を送るとしても、私はきっと高安教授のもとでPBLに取り組むと思います。

### (c) 大学生観光まちづくりコンテスト

大学生観光まちづくりコンテスト運営協議会などが主催する「大学生観光まちづくりコンテスト」は、観光や地方創生に関心のある学生のPBLの受け皿になった。この大会は、全国の大学生などが観光まちづくりを通じた地域活性化プランを競うコンテストである。地方創生と観光、そして人材育成を結び付けた企画であり、ゼミを中心に全国から多くのチームがエントリーする。プランの対象となった地域は、青森県、北陸地方、離島、茨城県、リバーサイド地域など全国に広がっている。

ゼミ生はこのコンテストに出場することにより、日常の生活圏とは離れた地域で、お祭り、寺院、飲食店、歴史建造物、役所、教育機関などを訪問する機会を得た。地元の人々との交流も活発に行った。埼玉県の大学からある日突然やってきた学生を多くの方々が温かく迎えてくださった。普段接点のない地域の学生とも意見交換をすることができた。

コンテストにエントリーしたチームは、6月に行われる説明会から8月から9月にかけてのプラン提出日までの間に、フィールドワークの実施とSNSでの情報発信を求められる。現地の観光資源を自分たちの目で確かめ、多くの方々の話に耳を傾けることにより、地元の人たちが気づかない課題を発見し、解決のために何ができるかを考え抜く。

本コンテストの醍醐味は、歴史・文化の学習や地域の人々との交流などを通じて学生が地域の隠れた観光資源を掘り起こすことである。大会事務局から求められているのは、単なる観光プランではなく地域振興にも繋がるまちづくりの企画である。ビジネスプランとしての実現性も問われる。審査基準は明確であり、質疑応答セッションもある。プレゼンテーションの自由度は高く、揃いの衣装を身にまとったり、製作物をステージの上に並べたチームもあった。

エントリーするチーム数が多いため、大会事務局にプランを提出して予選を突破したチームのみが本選でプレゼンテーションを披露する機会を得る。そして、本選に進むことができなかったチームから、ポスターセッションに出場するチームが選出される。大会後に審査員によるフィードバックシートが送られてくる。

筆者のゼミは、2017年度と2019年度に北陸ステージに、そして2020年度につくば霞ケ浦りんりんロードを活用した「持続可能な観光まちづくり」（プラン推奨自治体：茨城県神栖市・茨城県行方市）にエントリーした。2017年度は北陸経済連合会賞とパフォーマンス賞、2019年度はポスターセッション優秀賞をそれぞれ受賞した。2020年度は佳作に選ばれた(2017年度の北陸ステージ参加チームについては、第６章参照)。

### (d) その他の大会

2016年度にCSRチーム（７期生５人）が出場した「CSR構想インターゼミナール大会」は、日本経営倫理学会が後援する大会である。経営倫理と企業の社会的責任（CSR)、その他関連領域を専攻する大学のゼミが、共通テーマに即した研究発表を行う。全国から集ったチームが自己紹介、15分間の研究発表、10分間の質疑応答を行う。加えて、研究内容を１

枚の模造紙にまとめて質問に答えるポスターセッションを実施している。参加大学の学生が相互に投票して選出する学生大賞も授与される。2016年度に筆者のゼミのCSRチームが出場し、最優秀賞などを獲得した。

2017年度に「食育チーム」（８期生５人）が出場した日本学生経済ゼミナール関東部会大会は、関東地区の経済・経営・商業系を専攻する学生を対象にした学術大会で、通称は「インナー大会」である。プレゼンテーション部門と討論部門に分かれており、筆者のゼミが参加したのは前者である。食育チームはタイにおける肥満問題を咀嚼法の普及で改善することを、現地に進出している日系企業や小学校などを訪問した経験を踏まえて提案した。

2018年度に「ビジネス創造チーム」（９期生５名）が「福井県おおい町まちづくり政策コンテスト」に出場した。同コンテストは、最優秀賞を受賞したチームの企画が町の施策として実施されるところに特徴がある。ビジネス創造チームはおおい町を３回訪れ、町民にアンケート調査を行った。事前に提出した論文とプレゼンテーション資料が町のウェブサイトで公開された。福井県で開催される大会のため関西からの参加大学が多く、懇親会も盛況であった。事務局より採点シートを送っていただいた（詳細は第６章参照）。

## （6）学外での研究成果発表

学外での研究成果発表も、アウトプット活動である。筆者のゼミは2021年度までに、日本最大の国際協力イベントである「グローバルフェスタJAPAN」（主催グローバルフェスタ

JAPAN実行委員会、共催外務省など）に４回、「JICA地球ひろば」での報告会（高安ゼミはJICA地球ひろば登録団体）に２回、日本最大規模の環境展示会である「エコプロ」（サステナブル経営推進機構と日本経済新聞社主催）に２回、日本NPO学会の学生セッションに１回参加した。

グローバルフェスタJAPANに最初に出展したのは、2016年度のMOPチーム（６期生６人）であった。蚊を媒体とする感染症を抑制するためのトートバッグの製作活動について報告した（詳細は第６章参照）。2017年度は「参加型開発チー

**図表Ⅱ-5　学外での研究成果発表**

１．グローバルフェスタJAPAN

| | |
|---|---|
| 2016年 | MOPチーム（感染症を避けるためのトートバッグ） |
| 2017年 | 参加型開発チーム（インドの学校での衛生活動） |
| 2018年 | 食育チーム（タイでの食育授業など） |
| 2019年 | エシカルチーム（ネパールのエシカル商品） |

２．JICA地球ひろば

| | |
|---|---|
| 2017年 | 参加型開発チーム（インドの学校での衛生活動） |
| 2019年 | デンタル・フィリピン・エデュケーションチーム |

３．エコプロ

| | |
|---|---|
| 2018年 | Zero Food Wasteチーム（食品ロス削減） |
| 2021年 | 多様性野菜レスキュー隊（規格外野菜の活用） |

４．日本NPO学会（学生セッション）

| | |
|---|---|
| 2018年 | 参加型開発チーム（インドの学校での衛生活動） |

（出典）筆者作成

ム」（7期生6人）がインドの小学校での歌とダンスを使った手洗い習慣の定着に関する展示を行った（詳細は第6章参照)。2018年度は「食育チーム」（8期生5人）が、タイにおける肥満問題に対応するための活動を報告した。タイで知り合った小学生らが偶然に別のブースにゲストとして来場しており、再会を果たした。2019年度は「エシカルチーム」（9期生5人）が、ネパールの恵まれない女性が手作りで製造したポーチなどを販売した（詳細は第6章参照)。

JICA地球ひろばでの報告会では、2017年度の参加型開発チームに続き、2019年度に「デンタル・フィリピン・エデュケーションチーム」（10期生5人）が、フィリピンの小学校で実施した正しい歯磨きの仕方に関する活動を紹介した（詳細は第6章参照)。

エコプロでは、2018年に「Zero Food Wasteチーム」（9期生4人）が若者の食品ロス削減にスパイスカレーを活用するアイデアを披露した（詳細は第6章参照)。2021年は「多様性野菜レスキュー隊」（11期生5名）が規格外野菜の活用による食品ロス削減に関する活動を報告した（詳細は第6章参照)。

日本NPO学会の学生セッションでは、7期生の参加型開発チームがインドの小学校での歌とダンスを使った石鹸での手洗い習慣の定着に関する活動を報告した。

こうした報告会は、筆者のゼミの専門分野である開発経済学の研究成果の発表の場として相応しい。学外で研究成果を発表するメリットは多い。第一に、国際協力やSDGsなどに関心を持つ方々の反応を確認できる。来場者には専門家、企業のCSR担当者、官庁職員が多く含まれ、プロジェクトを推進するうえで貴重な情報を獲得でき、次の活動への繋がりを得ることができる。

第二に、来場者が多く効率的に情報を発信できる。グローバルフェスタJAPAN2019の来場者は主催者発表で約183,700人であった。エコプロは９期生が出展した2018年が162,217人、12期生が出展した2021年は新型コロナの影響があったものの54,885人が来場した。獨協大学が主催するイベントでこれだけの来場者を集めることはできない。

第三に、製作した物品の販売が許可される場合が多い。グローバルフェスタJAPANではトートバッグ、そしてネパールの女性が作成したポーチなどを販売した。購入者の声を直接聞けることは、自分たちが製作した製品を、誰が、何の目的で買うのかを知る貴重な機会になる。

写真Ⅱ　エシカルチームによるグローバルフェスタJAPAN2019出展（筆者撮影）

## (7) 商品開発

企業に対して商品開発のアイデアを説明するだけでプロジェクトを終える場合と、自分たちで商品を開発して販売する場合では、学修量にかなりの差がある。後者は現実世界での経済活動であり、消費者に価値を提供できないと売れ残る。資金を回収できないリスクを自らとる行為である。このため、ゼミ生は、価格設定、販売場所、SNSの利用などの販売戦略を真剣に練る。これまでに筆者のゼミは、トートバッグ、ポーチ、エコバッグ、草加せんべい、石鹸などを製造・販売してきた。学生が商品のアイデアやデザインを考えても、大学に製造施設がないため、学外の企業に生産を依頼している。

## (8) 冊子とリーフレットの制作

冊子、リーフレット、そしてSNSは調査研究成果を届ける手段であると同時に、PBLの記録を残す媒体でもある。冊子を制作する目的には、震災発生時の避難行動や食品ロス削減など読者に望ましい行動を考え実践してもらうことも含まれる。

筆者のゼミでは近年、冊子やリーフレットを制作するチームが増えており、アウトプットの形態として定着している。冊子の制作は、コンセプトの作成、想定する読者の設定、読者に伝えるメッセージの明確化、読者の興味を引く構成、読みやすい文章、デザイン性、写真撮影技術、編集、著作権への配慮をはじめとして、手間のかかる作業である。その分様々なノウハウを体得できる。2021年度までに筆者のゼミが制作した九つの冊子はどれも個性的である。自分たちのプロジェクトの成果が印刷物として残ることはゼミ生にとって喜ばしい。就職活動の面接で活用することもあるという。加えて、アンケート調査の結果を盛り込むなど、資料的価値もある。

印刷部数は200〜1,000冊であり、これまでに作成した九つの冊子の総数は6,000冊を超える。エコプロなどの出展ブースや草加市役所などで配布するとともに、ゼミ活動が紹介された新聞記事を読んで入手を希望した方へ送付したこともある。

これまでに制作されたリーフレットは四つである。商品を販売する際に来場者に配布する、あるいはお世話になった企業に置かせていただくのが目的である。

図表Ⅱ-6　ゼミ生が作成した冊子・リーフレット

1．冊子

| | |
|---|---|
| 2017年４月 | 高安ゼミ７期生（国際親善クラブと共著） |
| | 「留学生と地域を繋げるハンドブック」56頁 |
| 2018年１月 | 減災かけはしチーム |
| | 「あなたとつくる減災マニュアル2018」24頁 |
| 2018年２月 | LGBTQチーム |
| | 「高校生のためのLGBTQハンドブック～自分らしさは誇らしさ～」38頁 |
| 2018年11月 | Zero Food Wasteチーム |
| | 「FOOD ISSUES: The Road to SDGs People」38頁 |
| 2020年３月 | ベジノミクスチーム |
| | 「VEGE FULNESS: Vegetables is not just food」47頁 |
| 2021年３月 | 災害と共生2020チーム |
| | 「草加の絆は命を守る　よつはちゃんと避難所を学ぼう」42頁 |
| 2021年10月 | SDGs×獨協大生×草加せんべいチーム |
| | 「草加！これがSDGsか! SDGs Guidebook 2021」26頁 |
| 2021年11月 | 多様性野菜レスキュー隊 |
| | 「多様性野菜～食品ロス削減を目指して」42頁 |
| 2021年12月 | 白河Re: PGチーム |
| | 「白河、サイコウのすすめ　再考って、最高だ」26頁 |

2．リーフレット

| | |
|---|---|
| 2020年11月 | eat 草加せんべいチーム |
| | 「草加せんべいのある生活　獨協大生×丸草一福」 |
| 2021年３月 | Dokkyo ∞ Cycく～るチーム |
| | 「いばらきでチャリ旅」 |
| 2021年９月 | 多様性野菜レスキュー隊 |
| | 「草加市内の多様性野菜マップ」 |
| 2022年７月 | Oasis Dokkyoチーム |
| | 「潤いのあるキャンパス」 |

（出典）筆者作成

冊子やリーフレットの作成にゼミ生が積極的に取り組むようになった背景として、次の三つの事柄が考えられる。第一は、冊子編集ソフトの価格や印刷代が低下し、学生の経済的負担が軽減されたことである。印刷会社とのやり取りはPDF版を送るだけで済み、指定した住所に冊子が宅配便で届くため時間も節約できる。コロナ禍で対面授業ができなかった2020年度においても、一つのチームが冊子を、二つのチームがリーフレットを作成した。

第二は、2019年３月に獨協大学に自律学習支援のための施設であるクレアスがオープンしたことである。PCやカラープリンターが設置されるとともに、スタッフにソフトウェアの使い方などを気軽に相談できるようになった。

第三は、Twitterやインスタグラムで伝える情報と、冊子で伝える情報を使い分けていることである。やはり文字を使って多くの情報を伝える場合は、冊子に軍配が上がる。冊子のPDFをフェイスブックに投稿して広めることもできる。筆者のゼミが作成した冊子は獨協大学図書館と草加市立中央図書館に所蔵されている。

冊子、リーフレット、そしてSNSを使うことで学生がリーチできる人数を格段に増やすことができる。筆者は、学生が社会的課題に真摯に取り組んでいることを知っていただくことが、PBLを通じた社会関係資本の醸成の第一歩、つまり学生の活動と市民を繋げることになると考える。冊子やリーフレットという現物が存在することで、後輩に先輩のノウハウが引き継がれるだけでなく、大学やグローバルフェスタJAPANを訪れる高校生が大学での学びについて知る機会を提供できる。

## （9）調査研究成果のメディアでの発信

筆者のゼミのPBLは、草加市役所、地元企業、地域住民などの協力なしに成り立たない。新聞、テレビ、ラジオ、SNSなどのメディアを通じてPBLの成果を発信することで調査研究成果を地元に還元することを心がけている。信頼できるメディアに取り上げられることが、市民の大学への信頼醸成に繋がると考える。そしてメディアを通じて、学生が地域の課題解決に取り組んでいる姿、そして学生が成長している様子を伝えることも、地域連携PBLを推進するうえで忘れてはならない点である。

冊子やリーフレットを使ってリーチできる人数にはおのずと限度がある。活動成果を多くの方に知っていただこうとするならば、意識的にメディアで発信する必要がある。こうした地道な取り組みが地域に貢献する大学としてのブランドの形成に繋がる。

筆者のゼミのPBL活動はこれまでに、新聞、テレビ、ラジオ、草加市広報誌、受験雑誌、教育雑誌などで紹介されてきた。新聞は、一般紙の全国版、一般紙の埼玉版、地方・地域紙などで取り上げられてきた（**図表Ⅱ-7**）。新聞各紙の電子版に記事が掲載される例も増えている。学生の活動を市民の記憶に残すには、一つのプロジェクトに関するニュースが複数のメディアから届くことが有効なようである。

メディアによって、読者にリーチできる範囲が異なる。草加市の広報誌である「広報そうか」、地域新聞社の『ちいき

図表Ⅱ-7　メディアでのゼミ活動紹介
(2011年～2022年3月)

（回）

| | |
|---|---|
| 日本経済新聞（全国版） | 4 |
| 日経産業新聞 | 5 |
| 日経カレッジカフェ | 2 |
| 朝日新聞（全国版） | 1 |
| 朝日新聞電子版 | 1 |
| 朝日新聞（埼玉版） | 1 |
| 読売新聞（全国版） | 1 |
| 読売新聞（埼玉版） | 3 |
| 産経新聞（埼玉版） | 1 |
| 地方紙 | 13 |
| とーよみnet | 3 |
| 東武よみうり新聞 | 4 |
| ちいき新聞 | 2 |
| 日本農業新聞 | 1 |
| 大學新聞 | 4 |
| NHK総合テレビ | 3 |
| テレビ埼玉 | 3 |
| NHK FMさいたま | 2 |
| 草加市「広報そうか」 | 1 |
| 『大学の力』（朝日新聞系） | 1 |
| マイナビ進路のミカタ | 1 |
| 大学プレスセンター | 2 |
| 経営倫理 | 1 |
| 教育「PRO」 | 2 |
| 日本NPO学会会報 | 1 |
| 日本経済研究センター会報 | 5 |

（出典）筆者作成

新聞』は草加市のほとんどの世帯に配られる媒体である。地域にターゲットを絞った活動を届けるのに最適である。「号外ネット草加市」も地元への浸透力が大きい。『東武よみうり新聞』は東武スカイツリーライン沿線で多くの読者を持つ。

テレビは、紙面とは違った記憶を視聴者に残すことができる。特に面識のある人物が画面に登場すると強い印象が長く残るようである。メディア掲載は対外的なアピールもさることながら、普段他のゼミが何に取り組んでいるかを知る機会が不足しているため、学内での情報共有の役割も担う。

## 5 PBLと卒業研究論文

３年次の１月にPBLを終えると、ゼミ生は卒論の準備に取りかかる。獨協大学経済学部では、2013年度入学生より卒論が実質的に必修化された。

筆者のゼミでは2012年３月に最初の卒業生を送り出してから2022年３月までの間に180本の卒論が提出された。うち共著論文は３本である。３年次に同じメンバーと10ヵ月間プロジェクトに励んだ反動からか、テーマを自分で決めて、自分のペースで作業を進める傾向がある。

卒論の執筆もプロジェクトとして捉えることができ、PBLの経験が役に立つ。すなわち、取り組むべきテーマを自分で見つけ、先行研究を踏まえ、企画書を作成し、筋道を立てながら分析し、結論を導いて、説得力をもって文書化し、締切りまでに提出するプロジェクトである。

**図表Ⅱ-8**は、筆者のゼミの卒論のテーマを年度別に整理したものである。１期生から５期生までは卒論は選択科目であり、学生が執筆するかしないかを決めることができた。６期生より、卒論が実質的に必修化されたことを反映して、提出論文数が激増した。11期生は2022年３月に卒業した学年である。卒論の字数は平均２万２千字程度である（図表、参考文献込み）。

最も多くのゼミ生が選択したテーマは地域活性化（18本）である。それに途上国と国内の双方を対象に含む教育（16本）が続く。インバウンド観光が注目されたことから観光、途上国と国内の農業、働き方改革などを反映した雇用がそれぞれ12本となった。貧困問題、ICTの活用がそれぞれ11本であった。東京五輪をタイトルに含む論文は３本である。なお、

**図表Ⅱ-8　卒業論文で取り上げられたテーマ**

| | 提出論文数 | 教育 | 地域活性化 | 観光 | 貧困 | 農業 | ICT | 雇用 | ジェンダー | CSR・CSV | 高齢化 | フェアトレード | 医療 | エシカル消費 | 環境 | 住宅 | 食・食品ロス | 減災・防災 | 東京五輪 | その他 | 合計 |
|---|---|---|---|---|---|---|---|---|---|---|---|---|---|---|---|---|---|---|---|---|---|
| 1期生 | 6 | | | | 2 | | 1 | | | | | | 1 | | | | | | | 6 | 10 |
| 2期生 | 4 | | | | 1 | 1 | 1 | | | | | | 1 | | | | | | | 1 | 5 |
| 3期生 | 14 | 1 | | | 3 | 2 | | 1 | | | | 1 | 2 | | 2 | | | | | 1 | 13 |
| 4期生 | 8 | 2 | | | | 1 | | | 2 | | | 1 | | | | | | | | 2 | 8 |
| 5期生 | 14 | | | 1 | | 1 | 1 | 4 | 1 | 1 | 1 | | | 1 | | 1 | | 1 | | 2 | 15 |
| 6期生 | 27 | 3 | 2 | 5 | 3 | 1 | 1 | | 3 | | 1 | | | | | 2 | 1 | | | 9 | 31 |
| 7期生 | 23 | 2 | 1 | 1 | 1 | 1 | 2 | 1 | | 4 | 1 | | 1 | 1 | 1 | | 1 | | 1 | 7 | 26 |
| 8期生 | 21 | 1 | 2 | 1 | | 1 | 1 | 1 | 1 | 1 | | 2 | | 2 | | | 1 | 2 | | 6 | 22 |
| 9期生 | 19 | 3 | 3 | 2 | | | 1 | 1 | | 1 | | | | 1 | | 2 | 2 | 1 | 1 | 5 | 23 |
| 10期生 | 24 | 3 | 6 | 1 | | 2 | 2 | 1 | 1 | | 3 | 1 | | | 1 | | | 1 | 1 | 14 | 37 |
| 11期生 | 20 | 1 | 4 | 1 | 1 | 2 | 1 | 3 | 2 | 1 | | | | 2 | 1 | | 2 | 1 | | 2 | 24 |
| 合計 | 180 | 16 | 18 | 12 | 11 | 12 | 11 | 12 | 10 | 8 | 6 | 5 | 5 | 7 | 5 | 5 | 7 | 6 | 3 | 55 | 214 |

※６期生より卒業論文執筆が実質的に必修化された。
※一つの論文で複数のテーマを取り上げている場合がある。
（出典）筆者作成

環境問題、食品ロス削減などを東京2020大会と関連付けて取り扱った卒論が何本かある。

次に、**図表Ⅱ-9**で、卒論で取り上げた国・地域を確認する。180本のうち、途上国・新興国が70本、日本が63本であり、残りは特定の国・地域を想定していない。１期生から７期生までは途上国・新興国に関心が集中していた。日本企業のグローバル化が注目されていた時期である。2017年度提出の８期生以降、視点を国内に置く卒論が急増した。これは解決すべき課題が身の回りに山積していることを改めて学生が認識したためと思われる。11期生は新型コロナの影響で遠隔授業が続いたためか、20人全員が国内のテーマに関心を示した。

**図表Ⅱ-9　卒業論文で取り上げられた国・地域**

| | 提出論文数 | 途上国・新興国 | | | | | | | | 日本 | | |
|---|---|---|---|---|---|---|---|---|---|---|---|---|
| | | インド | アフリカ | タイ | インドネシア | フィリピン | 中国 | その他 | 合計 | 全般 | 地方 | 合計 |
| 1期生 | 6 | 1 | 1 | | | | 1 | 2 | 5 | | | 0 |
| 2期生 | 4 | 1 | | | | 1 | | 2 | 4 | | | 0 |
| 3期生 | 14 | 2 | 2 | 2 | 1 | 1 | | 2 | 10 | 1 | | 1 |
| 4期生 | 8 | 3 | 2 | 2 | | | | 1 | 8 | | | 0 |
| 5期生 | 14 | 2 | 1 | 2 | | | 1 | 3 | 9 | 1 | | 1 |
| 6期生 | 27 | 2 | | 1 | 2 | | 2 | 9 | 16 | 9 | | 9 |
| 7期生 | 23 | 4 | | 2 | 2 | 1 | | 4 | 13 | 3 | 1 | 4 |
| 8期生 | 21 | | | | 1 | | | 0 | 1 | 5 | | 5 |
| 9期生 | 19 | | 1 | | | 1 | | 1 | 3 | 12 | | 12 |
| 10期生 | 24 | 1 | | | | | | 0 | 1 | 7 | 4 | 11 |
| 11期生 | 20 | | | | | | | 1 | 1 | 17 | 3 | 20 |
| 合計 | 180 | 16 | 7 | 9 | 6 | 4 | 4 | 25 | 71 | 55 | 8 | 63 |

※６期生より卒業論文執筆が実質的に必修化された。
（出典）筆者作成

**卒業生の声**

**齋藤桃乃**（ジェンダーチーム　５期生2016年３月卒）

　私は、高安ゼミで途上国のジェンダーの課題について取り組み、大学４年の夏には、活動で出会った国際協力NGOジョイセフ（女性のSRHR［性と生殖に関する健康と権利］を守る活動をしている国際協力NGO）のスタッフとともにアフリカのザンビアへ渡航しました。現地では、ジョイセフが地域に呼びかけ、人材育成、村の住民が主体となって、性や身体についての正しい知識を得ること、適切な保健サービスを受けることなどの啓発活動を行っていました。「家族、地域の人の命を守りたい」という思いで、女性だけでなく10～20代の若者も、男性も活動に関わっていたことに驚きました。ザンビアの人々のより良く生きたいというパワーに圧倒され、日本人である自分こそ性や身体について知らないことばかりなのでは、と悶々としながら帰国したことを覚えています。

　ジェンダーの課題に目を向けるようになり、就職活動の際には企業の「女性の社会進出促進！育児・介護休暇取得率が良くて女性にやさしい！」といった発信に「女性だから評価されたい訳ではない」「家事育児休暇を必要とする男性もいるのでは」と違和感を持ちました。そんな中で私自身を評価してくれた企業を選び入社しました。自分にとって天職だと思えた一方で、結婚や出産を機に働きづらさを感じている人の話を聞いたり、自分の脳に特性があることが発覚したりといった自分にはどうにもできない現実を知った時、ゼミで取り組んだことを思い出し、もっと自分だからできることがあるのではないかと転職を考えました。

ゼミの活動で途上国の問題として取り組んできたジェンダーやSRHRの課題は、その後の自身の経験から、誰もが直面する課題であることを実感しています。しかし学生時代からの課題意識があったおかげで、私は「生き方は自分で開拓し選択できるもの」という考えができるようになりました。結婚した男性パートナーにも「一家の大黒柱」を押し付けないようにしています。性に関係なく、自分だからできることをして、自分らしく生きたい。私がそう思うように、すべての人がそう思える社会のために、今はジョイセフで働いています。

# 第3章

# 草加市の東京2020大会への取り組み

本章では、次章で筆者のゼミ生が草加市で展開した東京2020大会関連のPBLについて詳述する前に、開催都市ではない草加市が聖火リレールートやホストタウンの誘致を推進した背景を整理する。

草加市でも東京都と同様に、大会後のレガシー（遺産）が東京2020大会関連の活動を展開する際のキーワードになった。それは、新たなスポーツ施設の建設などの有形のレガシーではなく、市民の記憶に残る無形のレガシーであった。筆者は、東京2020大会の経験が自治体の政策に浸透し継承される「政策のレガシー」こそが市民生活にとって最も重要だと考える。

草加市は東京2020大会に掲げられた理念を、聖火リレールートやコロンビア水泳チームの誘致を通じて市政に取り入れようとした。筆者が考える草加市の目的は三つある。第一は、「する」、「みる」、「支える」というスポーツの３側面を市民に促して、心身の健康を維持・増進することである。第二は、ダイバーシティ（多様性）とインクルージョン（包摂性）、つまり人の多様性を尊重するとともに障がいを持つ人たちを社会に包摂する理念の定着である。第三は、高齢化が進む中での若者による市政や地域活動への参加促進である。これら三つは、草加市が掲げるまちの将来像である「快適都市」を構築するために欠かせない要素である。

## 1 概要

2013年９月に開催された国際オリンピック委員会（IOC）のアルゼンチン総会において、東京2020大会の開催が決まった。草加市は2015年に聖火リレールート誘致に名乗りを上げて以降、東京2020大会への取り組みを積極的に進めた。そして2019年には、４月に草加市がコロンビア水泳チームのホストタウンになったことが、６月に草加松原がオリンピック聖火リレールートに選定されたことがそれぞれ発表された。同年７月１日から８月31日まで聖火ランナーの募集が行われ、2020年の大会本番への気運が高まった。

しかし、2020年に入ると新型コロナの流行により、東京2020大会はおよそ１年延期されることが決まった。紆余曲折を経ながらも、2021年７月７日に、埼玉県２日目の聖火リレーがまつばら綾瀬川公園を出発した。コロナ禍のなか、オリンピック大会は2021年７月23日から８月８日まで、パラリンピック大会は８月24日から９月５日までそれぞれ開催された。草加市ゆかりの高橋和樹選手がパラリンピック種目ボッチャのBC3混合ペアで見事に銀メダルを獲得した。コロンビア水泳チームは金メダル２個、銀メダル４個、銅メダル４個を獲得する活躍を見せた。

## 2　草加市におけるスポーツ振興の枠組

多くの地方公共団体がスポーツを活用した地域活性化に取り組んでいる。その中にあって草加市はスタジアムなどの箱物を作ることや、プロスポーツチームの誘致などを通じたスポーツの産業化による地域活性化に踏み出していない。草加市の場合「する」の推奨がスポーツ行政の中心になっているように思える。草加スポーツフェスティバル、草加松原太鼓橋ロードレースをはじめとしてイベントが数多く開催されている。

## （1）国のスポーツ振興策

地方公共団体のスポーツ推進計画は国のスポーツ振興策と連動して策定される。東京2020大会の招致が決まる前の平成23（2011）年８月に施行した「スポーツ基本法」は、スポーツに関し、基本理念を定め、国及び地方公共団体の責務並びにスポーツ団体の努力などを明らかにするとともに、スポーツに関する施策の基本となる事項を定めている。

スポーツ基本法の基本理念は八つあり、その中に「地域において、主体的に協働することによりスポーツを身近に親しむことができるようにするとともに、スポーツを通じて、地域の全ての世代の人々の交流を促進し、交流の基盤を形成」すること、「障害者が自主的かつ積極的にスポーツを行うことができるよう、障害の種類及び程度に応じ必要な配慮をしつつ推進」すること、「スポーツに係る国際的な交流及び貢献を推進することにより、国際相互理解の増進及び国際平和に寄与」することが含まれている。こうした基本理念は、草加市の全世代の人的交流、障がい者への配慮、そしてホストタウン事業に通底する。

文部科学省は平成29（2017）年３月に第２期「スポーツ基本計画」（平成29年度～令和３年度）を策定した。これは、「スポーツ基本法の規定に基づき、スポーツに関する施策の総合的かつ計画的な推進を図るための重要な指針として位置付け」られている。地方公共団体は、スポーツ基本計画を参照して地方の実情に即した地方スポーツ推進計画を定めるよう努めることが期待されている。

令和元（2019）年12月に閣議決定された「第２期まち・ひと・しごと創生総合戦略」において、スポーツ産業を地域経済に貢献させるための仕組みを作ることを意識して、「スポーツ・健康まちづくり」という項目が新たに設けられた。その３本柱の中に、「スポーツを活用した経済・社会の活性化」が組み込まれるなど、地域の諸課題をスポーツ産業で解決するための取り組みがまちづくりにおいて重視されている。特に、2020 年東京オリンピック競技大会・東京パラリンピック競技大会等を一過性のイベントとして終わらせず、各地域が特色ある「スポーツ・レガシー」の構築を進めることが重要であり、これにより新たな地方創生の活路を拓くものとされている。

第２期まち・ひと・しごと創生総合戦略には、各地域が「スポーツの持つ潜在的で多様な価値」を積極的に引き出して様々な社会課題の解決に取り組み、こうした社会課題の解決を含む様々なスポーツ関連領域で活躍する優秀な人材の継続的な育成・輩出を目指すことが盛り込まれている（「第２期まち・ひと・しごと創生総合戦略」p. 71）。

以上のように、東京2020大会と地方公共団体のスポーツ政策が関連付けられるとともに、国はスポーツを産業振興、そして地方活性化の手段としても捉えるようになった。

## （2）草加市のスポーツ施策

草加市はスポーツを通じた、健康な明るいまちづくりに積極的に取り組んできた（「草加市スポーツ推進基本方針」p.1）。同市は早くも昭和53（1978）年10月に「スポーツ健康都市宣言」を公表した。平成17（2005）年には「草加市生涯スポーツ振興計画」の策定によりスポーツ振興の基本的な体系を整理し、平成22（2010）年度からは同計画の後期重点施策８項目を中心にスポーツ振興を図った。少子高齢化が進む中で、体力づくりに加え、健康づくり、生きがいづくり、さらには地域コミュニティ形成への貢献がスポーツに求められるようになったのである。平成24（2012）年度にスポーツを通じた健康づくりを目指す「SKT24推進事業」が開始された。

平成26（2014）年９月に、上述の「スポーツ健康都市宣言」に健康づくりの要素などを盛り込んだ「草加市スポーツ・健康づくり都市宣言」が発表された。その基本理念は、すべての市民が生涯にわたりスポーツを通じて健やかな心と体をつくり、連帯の輪を地域にひろめ、健康な明るいまちづくりを進めていくことである（下線は筆者による）。「連帯の輪」は草加市の東京2020大会のコンセプトである「草加の輪」に重なる。

**「草加市スポーツ・健康づくり都市宣言」**

私たち草加市民は、ひとりひとりが健康の意義を充分に認識し、健康生活に対する意欲と能力をたかめ、スポーツや食生活を通じて健やかな心と体をつくり、連帯の輪を地域にひろめ、健康な明るいまちづくりを進めていきます。

ここにスポーツ健康都市の精神を発展させ、生涯にわたり健康づくりを進めるスポーツ・健康づくり都市を宣言します。

栄養と体力の調和がとれた健康生活をきずきましょう。

スポーツに親しみ健やかな心と体をつくりましょう。

スポーツ・健康づくりを通じて多くの仲間をつくり、連帯の輪をひろめましょう。

身近なところから体を動かし、バランスのとれた食生活を実践しましょう。

健康な明るいまちづくりをすすめましょう。

平成26年９月17日

平成27（2015）年度末に、スポーツ振興の拠り所であった「草加市生涯スポーツ振興計画」の計画期間が終了した。これを受けて草加市は、スポーツ基本法、国のスポーツ基本計画、埼玉県スポーツ推進計画の趣旨を踏まえ、「スポーツ・健康づくり都市宣言」をはじめとする市の関連する計画との整合性を図りながらスポーツを推進するために、「草加市スポーツ推進計画」を「第四次草加市総合振興計画」と一体として策定した。そして、効率的・効果的なスポーツ行政を推進できるように、「草加市スポーツ推進基本方針」を定めた。**図表Ⅲ-1**は、平成28（2016）年３月に公表された草加市スポーツ推進基本方針の位置づけを示している。基本方針の期間は８年とし、概ね４年で見直しが行われる（「草加市スポーツ推進基本方針」p. ３）。

　草加市が東京2020大会にかかわった理由の一つは、地域コミュニティの形成である。東京2020大会を契機に気運醸成事業や草加市ゆかりの選手の応援が盛り上がり、スポーツを楽しむ市民が増えて、市民が明るさと健康を保つ循環に入ることを期待していたと言えよう。

「草加市スポーツ推進基本方針」（p.16）には、「『するスポーツ』だけではなく、『見るスポーツ』や『支えるスポーツ』のすばらしさを伝え、東京オリンピック・パラリンピックを契機としながら、市民のスポーツに対する意識や関心をさらに高めていきます」と記されている。「また、東京オリンピック・パラリンピックを見据え、車椅子バスケットボールなどのパラリンピック種目を紹介するとともに、『見るスポーツ』

**図表Ⅲ-1　草加市スポーツ推進基本方針の位置づけ**

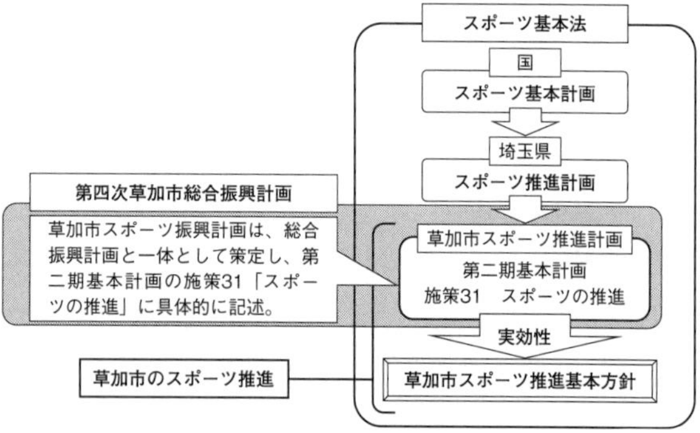


（出典）草加市『草加市スポーツ推進基本方針』（平成28年３月）p. 2.に一部筆者加筆

『するスポーツ』『支えるスポーツ』としての障がい者スポーツ体験を通じて、障がい者スポーツへの理解と関心を高めていきます」との記述も追加された。このように、市民のスポーツへの関心を高めるとともに、障がい者スポーツへの理解と関心を高める契機としてもオリンピック・パラリンピックを位置づけた（「草加市スポーツ推進基本方針」p. 16）。

平成29（2017）年６月に「草加市スポーツ施設整備計画」が公表された。これは第四次草加市総合振興計画と一体として策定した草加市スポーツ推進基本計画に基づいている。草加市のスポーツをさらに推進するためには「場の整備」が欠かせない。この視点からスポーツ施設の整備について、市の現状と課題を整理し、市の考え方や今後の方向性を明らかにした。草加市スポーツ施設整備計画は、子ども、高年者、障がい者など、「だれもが、いつでも、どこでも、いつまでもスポーツに取り組める環境をつくる」ことを意図している。

草加市におけるスポーツ・レクリエーション機能を備えた施設の配置を見ると、東武スカイツリーラインの西側は民間スポーツ施設が比較的多い。運動が苦手な人や運動経験が少ない人を対象にした事業を展開するなど、その存在はスポーツ・健康づくり分野で欠かせないものになっているという（「草加市スポーツ施設整備計画」p.12）。他方、温水プール、スポーツ健康都市記念体育館、草加市民体育館、総合運動場、工業団地公園野球場などは東武スカイツリーラインの東側に立地している（「草加市スポーツ施設整備計画」p.10の地図より）。毎年３月に開催される草加松原太鼓橋ロードレースのコース、スポーツの日に実施される草加スポーツフェスティバルの会場となったまつばら綾瀬川公園やスポーツ健康都市記念体育館も同様である。まつばら綾瀬川公園で、2021年７月７日にオリンピック聖火リレーの出発式が執り行われた。コロンビア水泳チームが2019年に事前キャンプで来草した際に訪れた草加松原も東武スカイツリーラインの東側にある。

東武スカイツリーラインの西側に立地している獨協大学の学生にとって、徒歩圏内で気軽にスポーツを楽しめる施設は少ない。獨協大学前〈草加松原〉駅の西側では、再開発にともない人口が増えている。西側と東側で住民のスポーツを楽しむ機会や聖火リレーに対する親近感に違いが生じている可能性がある。

## （3）地域資源としてのスポーツ

地域資源としてのスポーツが注目されている。舟木氏は、「スポーツを地域資源として活用し、交流人口の拡大や地域産業の活性化を図ることが求められている[15]」と述べている。乖離した概念であった「スポーツ」と「まちづくり」が融合しつつある。原田氏は、「スポーツのパワーが増大し、社会的あるいは経済的な効果に注目が集まり、スポーツがまちづくりに与える影響を無視することができなくなっており地域活性化やまちづくりにおけるスポーツ産業の存在は、年々重要なものとなっている[16]」と指摘している。筆者もスポーツという身近なコンテンツを個人の娯楽の域で終わらせるので

15　舟木（2020, p.158）
16　原田（2020, p.160）

はなく、地域資源として活用することで、一人ひとりが主体性を持って、積極的に交流しながら地域活性化やまちづくりに取り組むことができると考える。
「令和４年度草加市民アンケート」には、「草加市への愛着や誇りを高めるもの」としてスポーツチーム（体操競技部など）を含めて尋ねる質問（14項目から該当するものを三つ選択）がある。スポーツチームは12番目の6.2%となり、2018年度の10.4%より減少した。この質問が設けられた背景には、2016年のリオデジャネイロ・オリンピックで内村航平選手を始め多くのメダリストを輩出したコナミスポーツ体操競技部が草加市を練習拠点にしていることが影響している。同クラブは、草加市、公益財団法人草加市体育協会と2018年３月16日に、「草加市スポーツ・健康づくり都市宣言」の推進に関する協定を締結している。他方、獨協大学では多くの体育会系の部活サークルが活動しているものの、筆者は運動部と市民が一緒に活動した事例を知らない。

## （4）スポーツの便益

佐々木氏は、個人にとってのスポーツの便益を**図表Ⅲ-2**のように整理している[17]。健康維持・増進の重要性を気づかせ、それを達成するための手段となるスポーツに取り組むように促すために、経済効果を提示している。スポーツに参加することによる費用は、①金銭的費用、②心理的費用、③時間的費用に分けられている。スポーツへの参加を促すためにはこ

17 佐々木（2021, p.203）

図表Ⅲ-2　スポーツ実施の便益

| リターン | 内容 | 対策 |
|---|---|---|
| ①健康維持・増進 | ・定期的なスポーツ活動から健康を維持できる、または増進できる。 | ・テレビなど情報媒体を利用して、健康維持・増進に対するスポーツの効果を喧伝。<br>・東京オリンピック・パラリンピックをスポーツ振興の旗振り役にする。<br>・高齢者予備軍（50歳代）からスポーツの重要性を認識させる。 |
| ②社会とのつながり | ・社会とのつながりによる居心地の良さを享受するのは自分だけでなく、相手も同じであることを見落としてしまう。<br>・スポーツが社会全体にもたらす便益を過小評価してしまう（外部性の問題）。 | ・個人の選択と社会全体としての最適な選択にズレがあり、それを修正するために行政の介入は正当化される。<br>・身近に総合型スポーツクラブを設立し、手軽に参加できるようにする。<br>・体験プログラムを実施することで参加のハードルを下げる。 |

（出典）佐々木勝（2021）『経済学者が語るスポーツの力』有斐閣、p. 207

うした費用を低下させる必要がある。加えて、スポーツを実施することによるリターンとして、健康維持・増進と社会との繋がりが挙げられている。

草加市は、東京2020大会を契機にスポーツを楽しむ市民が増えることが、市民と市の双方にとって医療費や介護費用削減にプラスに働くと期待しているのではないか。地域のスポーツクラブへの参加者が増えることで、新たな人と人の繋がりを作ることができる。

筆者は、市外への転出者と市外からの転入者が多く、高齢化率が上昇を続け、外国人住民比率が高まっている草加市において、スポーツ行政の目的に社会関係資本の醸成を加えることは妥当だと考える。

## 3 草加市の東京2020大会事業

### （1）六つの事業

本節では、草加市が2016年度から2021年度までに取り組んだ東京2020大会関連の六つの事業、すなわち①気運醸成事業、②聖火リレー事業、③ホストタウン事業、④選手応援事業、⑤文化・教育事業、⑥ボランティア事業を紹介する。

気運醸成事業は、市民の関心を高めるという点で他のすべての事業と連動し、地域におけるレガシー創出の基盤となる。六つの事業のうち草加市が手を挙げて誘致したのは聖火リレー事業とホストタウン事業であった。両方とも市民の理解と協力がなければ成功しない。そして、ホストタウン事業で誘致した国の出場選手と草加市ゆかりの選手の東京2020大会への出場が確定すると、選手応援事業が本格的に動き出した。文化・教育事業は、草加市の歴史や文化を再発見して市の内外に発信することと、小中高生にオリンピックとパラリンピックの理念や開催意義などを伝えることを含む。ボランティア活動は、東京2020大会前、そして大会中の活動を市民同士の協力関係の強化に結び付けるための事業と捉えることができよう。以下では、これら六つの事業のうち、草加市が誘致に積極的に取り組んだ聖火リレー事業とホストタウン事業について述べる。

### （2）聖火リレールート誘致の背景

全国の多くの地方自治体が東京2020大会の聖火リレールートの誘致に名乗りを上げた。その背景には、地域の優れたところを外国人を含む市外の人々に広く知ってもらいたい、市民に地元への愛着を持ってほしい、そしてレガシーを地域に残したいといった願いがあったと思われる。オリンピックのレガシーは一般的に、競技場などの有形のレガシーと記憶に残る無形のレガシーに分けられる。聖火リレーは後者に該当する。

筆者は、草加市が聖火リレールートの誘致に名乗りを上げた背景には、市民の間に草加松原を聖火ランナーが走る姿を見たいという強い想いがあったと考えている。2014年３月に、草加松原は『おくのほそ道』の時代を偲ぶ風景地であると評価され、国指定名勝に指定された。草加松原を軸に無形のレガシーを残すことが、草加市の東京2020大会に関わる一貫した方針であった。草加松原では、自動車交通量が増大した高度経済成長期以降、枯死するマツが増加した。そして草加市の保護対策と並行して、市民の間にも草加松原を保護する気運が高まったという。草加市連合青年会と草加青年会議所が、草加松原の保護活動を展開し、市民への啓発を開始すると、1976年には草加青年会議所の会員を中心に草加松並木保存会が結成された。同保存会は、1,000人以上の会員を有し、広報誌『青松』を刊行したという[18]。草加松原は多くの市民にとって、地元のアイデンティティを体現する大切な存在であ

---

18　草加市教育委員会（平成29年３月）「国指定名勝『おくのほそ道の風景地 草加松原』」保存活用計画」pp. 23-24

る。

先述の通り、「令和４年度草加市民アンケート」によると、草加せんべいなどの３大地場産業と同様に草加松原は市民に愛されている。東京2020大会の開催が決まると直ちに「松並木に聖火を走らせる会」が結成されたのは自然な成り行きであった。草加市が草加松原を聖火リレールートとして選んだ面と、草加松原が存在したが故に聖火リレールートの誘致に草加市が手を挙げた面の両方がある。

2012年に始まった草加松原太鼓橋ロードレースの大会ウェブサイトには、松並木の部と仮装の部は国指定名勝「おくのほそ道の風景地　草加松原」を走り、「２つの太鼓橋から見下ろす綾瀬川と草加松原の美しい景色をお楽しみください。」と記されている[19]。通常多くのランナーが参加するレースでは高低差の大きい橋はコースから除外されるが、草加市には太鼓橋（矢立橋と百代橋）をランナーに走ってもらいたいという想いがある。ちなみに同ロードレースの参加賞は草加せんべいであり、市民が誇る草加の２大要素が揃った大会である。

## （３）誘致活動の始動

聖火リレーは多くの地方自治体を通過するイベントであり、草加市単独では誘致できない。近隣自治体との連携が必須である。

東京1964大会の聖火リレーは、草加市を通らなかった。聖

19　草加市ウェブサイト「草加松原太鼓橋ロードレース大会」（https://www.sokafusasaramarathon.jp/feature/）（2022年４月20日最終閲覧）

火リレーは、全都道府県を回ることを前提に四つのコースを辿った。第３コースである北海道→青森→秋田→山形→新潟→群馬→埼玉→東京のルートを通る聖火リレーが1964年９月９日（水）から10月７日（水）にかけて行われた。10月６日に、群馬県から県内の上里町で引き継がれた聖火は、旧中山道（国道17号）沿いに東京を目指して南下し、翌７日にオリンピックのボート競技の会場でもあった戸田市で東京都に繋がれた。埼玉県内では68区画を68名の聖火ランナーが走った。

東京2020大会の聖火リレーの誘致に関連して、『朝日新聞（埼玉版）』（2016年４月９日付朝刊）によると、草加市が音頭を取り、近隣の市町とクロマツが立ち並ぶ名勝「草加松原」など、松尾芭蕉ゆかりの「奥の細道」を走る聖火リレーのルートを提案したという。奥の細道の旅の終着点である岐阜県大垣市をスタートして日本海側から北上して太平洋側の松島に抜けて南下するルートである（**図表Ⅲ-3**）。

白河の関、日光などを通り埼玉県に入り、栗橋、杉戸、春日部などの旧宿場町を巡り、草加松原を抜けて、東京・新国立競技場にゴールする。この構想は「奥の細道サミット」を構成する自治体に全会一致で了承され、加盟自治体が連名で、森喜朗東京オリンピック・パラリンピック競技大会組織委員会（以下、東京2020組織委員会）会長（当時）に要望書を提出した。

### （４）誘致活動の本格化

奥の細道ルートの構想を実現するために、関係自治体で署名運動が行われた。草加市を含め、旅立ちの地の江東区から結びの地の大垣市までの38の自治体・団体で作る「奥の細道サミット」が10万人を目標に署名活動を開始した。草加市によると2016年11月１日から12月28日までに目標を上回る14万2,627筆が集まった。そのうち草加市は最大の５万5,087筆を占めた。市民4.5人に１人が署名した計算になる。署名は要望書とともに、東京2020組織委員会に提出された。

図表Ⅲ-3　奥の細道を通る聖火リレールート（案）

（出典）草加市役所提供

【草加市の聖火リレールート誘致の記録】

・2015年３月14日：奥の細道サミット（荒川区）にて、草加市長が奥の細道を逆に辿る聖火リレールートを提案

・2015年７月15日：奥の細道サミットの要望書を東京2020組織委員会へ提出

・2016年11月１日：署名活動開始（～12月28日まで）
・2017年２月14日：東京2020組織委員会に、奥の細道サミットで集めた14万2,627筆（うち草加市５万5,087筆）の署名を添えて要望書提出
・2017年４月１日：松原団地駅が獨協大学前〈草加松原〉駅に改称
・2018年７月９日：埼玉県東南部都市連絡調整会議、埼玉県知事に「東京2020オリンピック・パラリンピック競技大会への気運醸成に関する要望書」提出
・2018年７月：「埼玉県内ルート案策定に関する県民アンケート」の実施の市民への周知（アンケート実施期間：７月12日～８月12日）
・2019年６月１日：オリンピック聖火リレーが草加市を通ることが決定
・2020年３月24日：東京2020大会の延期が決定
・2020年７月８日：大会延期前のオリンピック聖火リレー出発式開催予定日
・2021年７月７日：オリンピック聖火リレー出発式がまつばら綾瀬川公園にて挙行（埼玉県２日目の出発地）

・2021年11月３日：まつばら綾瀬川公園にて、東京2020オリンピック聖火リレー記念植樹及び銘板除幕式

（出典）各種資料より筆者作成

関係者、そして市民の願いが通じ、草加松原は東京2020オリンピック聖火リレールートに選定された。これを受けて浅井昌志・草加市長（当時）名で市のウェブサイトに掲載された「東京2020オリンピック聖火リレールートの決定について」と題するメッセージは次の通りである。署名運動、草加松原の魅力の世界への発信、そしてコロンビア水泳チームのホストタウンであることに触れている（下線は筆者による）。

**「東京2020オリンピック聖火リレールートの決定について」**

草加市では今回の聖火リレーを誘致しようと、５万5,087筆の市民の皆さんの署名を集めて大会組織委員会へ要望書を提出していました。また、埼玉県が実施したルート選定に係る県民アンケートにおいても、多くの市民の皆さんにご協力いただきました。こうした市民の皆さんの熱い想いが実り、東京2020オリンピック聖火リレールートに草加市が選定されたことは大変な光栄であり、望外の喜びです。

今回の聖火リレーが草加市を訪れることを契機として、日光街道の宿場町である草加宿の面影が残る街並みや、「おくのほそ道の風景地」として国の名

勝に指定されている草加のシンボル634本の松並木「草加松原」を、聖火ランナーの皆さんに走っていただくことで、草加市の魅力を改めて全世界に発信していきたいと考えております。

また、草加市は東京2020オリンピック・パラリンピックにおいて、コロンビア共和国のホストタウンとして同国のパラリンピック水泳選手団の事前キャンプ地にもなっており、市を挙げて東京2020オリンピック・パラリンピック競技大会を盛り上げてまいります。

令和元年6月1日

草加市長　浅井昌志

草加市は、2015年に田中和明市長（当時）の下で始まった草加松原への聖火リレールート誘致を実現した。県内ルート策定に関わる県民アンケート調査の結果によると、2018年に聖火リレールートに組み込む場所の募集が行われた際に、草加松原は県内で最も多い得票を集めたという。多くの市民を巻き込んだ誘致活動が実を結んだのである。

聖火リレールートの決定を受けて、聖火ランナーの募集と選出が始まった。そして、東京2020埼玉県聖火リレー実行委員会が選出し、東京2020組織委員会が決定したオリンピック聖火ランナー76人が埼玉県のホームページで紹介された（パートナー企業が選出した聖火ランナーは除く）。草加市ゆかりの４名の聖火ランナーの内訳は、草加松原にゆかりの方

２名、現役のスポーツ選手１名、そしてオリンピック出場を目指す中学生１名であった。

## （5）聖火リレー出発式

新型コロナの世界的な流行により東京2020大会は１年延期された。それに伴い草加市での「東京2020オリンピック聖火リレー出発式」は2020年７月８日（水）から2021年７月７日（水）に変更された。大会に向けて聖火リレーの気運を高めるべく「東京2020オリンピック聖火リレートーチ巡回展示」が2020年11月12日に草加駅東口のアコス南館６階のアコスギャラリー（大）で開催された。

そして、埼玉県の聖火リレーは2021年７月６日（火）から８日（木）までの３日間、県内63市町村のうち40市町を通過して行われた。草加市は２日目の出発地であり、まつばら綾瀬川公園が聖火リレー出発式の会場となった。筆者は、草加市オリンピック・パラリンピック推進委員会の委員の１人として参列した。

2021年７月７日までに、千葉県は新型コロナ感染拡大により全ての区間で聖火ランナーの走行を中止することを明らかにしていた。同日の埼玉県の感染者数は157人、うち草加市は10人であった。出発式当日は草加市に緊急事態宣言やまん延防止等重点措置は発出されていなかった。

聖火リレー出発式では十分な感染防止対策が講じられた。出席者は２週間分の体調管理表を入口で係員に提示した。まつばら綾瀬川公園内に設置された出発式会場はフェンスで囲まれ、関係者だけが入場を許された。会場では椅子が１メートルほどの間隔を保って配置された。聖火リレールートの沿道の見学は制限された。注意事項を記載したプラカードを持った運営スタッフが聖火リレールートの脇に配置された。運営スタッフは、市職員、スポーツ協会関係者、各種加盟団体など計354名であった。『広報そうか』(2021年6月20日号)には、密集・密接を回避するためにNHKライブストリーミング放映の視聴を推奨するお知らせが掲載された。

小雨がぱらつく中で開催された聖火リレー出発式は、新型コロナが流行する前の当初案よりも簡素化された。特に、小学生の参加人数が大幅に減り、市内の小学校21校の代表21名のみが会場に集った。ハープ演奏は当初計画よりも少ない4人の奏者で行われた。

そして、大高姫菜さん、細谷好正さん、佐藤理子さんとスポンサー枠7名の計10名が聖火ランナーとして草加市内の10区画を走った(和井田正幸さんはさいたま市のコースを走行)。草加市の数年にわたる聖火リレールート誘致の努力が報われた瞬間である。

## (6)聖火ビジット(パラリンピック)

草加市は、2021年8月24日の東京2020パラリンピック競技大会の開会を間近に控えた8月19日に、総合福祉センター「であいの森」において「東京2020パラリンピック聖火ビジット」を開催した。草加市はパラリンピック聖火リレールートに含まれていないものの、分火したパラリンピック聖火の展示が行われた。草加市ウェブサイトに同年9月1日に掲載された「『東京2020パラリンピック聖火ビジット』をであいの森で開催しました」と題するニュースのなかで「共生社会」と「共生の輪」が使われている（下線は筆者による）。

> 聖火ビジットは、埼玉県朝霞市で実施された集火式（県内17カ所で採火された火を集め、埼玉県のパラリンピック聖火を作るイベント）において、パラリンピック聖火を分火して自治体に持ち帰り、展示するものです。
>
> 草加市では、聖火ビジットの開催を記念したセレモニーを総合福祉センターであいの森で実施しました。
>
> 東京2020パラリンピック聖火リレーのコンセプトは「あなたは、きっと、誰かの光だ。」です。社会の中で誰かの希望となっている多様な光が集まり、出会うことで、共生社会を照らす力にしようという想いが込められています。
>
> 本市における共生の輪がさらに広まることを願うとともに、パラリンピックスポーツを普及させ、誰もが、いつでも、平等にスポーツができる社会の実現に向け、取り組んでまいります。

パラリンピックの運営主体は国際パラリンピック委員会（IPC）であり、国際オリンピック委員会ではない。そもそも、オリンピックとパラリンピックは起源を異にする 。両大会が同時に開催されるようになったのは、1960年ローマ大会からである。東京2020パラリンピックの開催により、東京都はパラリンピックを２回開催した最初の都市となった。日本では、東京2020組織委員会がパラリンピックも運営した。埼玉県で開催されたオリンピック競技はサッカー、射撃、ゴルフ、バスケットボールの四つで、パラリンピックの会場になったのは射撃の陸上自衛隊朝霞訓練場のみである。

## （7）東京2020オリンピック聖火リレー記念植樹及び銘板除幕式

2021年11月３日に、まつばら綾瀬川公園において東京2020オリンピック聖火リレー記念植樹及び銘板除幕式が執り行われた。聖火リレーが草加市で実施されたことを記念し、オリンピックの象徴の一つであるオリーブの木の植樹及び銘板の設置（**写真Ⅲ**）が行われた。銘板には浅井昌志市長（当時）のメッセージが記されている。キーワードは、「つないだ」と「気運を盛り上げた」であろう（下線は筆者による）。

**東京2020オリンピック聖火リレー**
**埼玉県２日目出発地記念**

2021年７月７日、東京2020オリンピック聖火リレーが草加市で実施された。Hope Lights Our Way（希望の道を、つなごう。）をコンセプトとして、10人の聖火ランナーが聖火リレートーチを掲げて、ギリシャで採火された聖火を草加市内でつないだ。

まつばら綾瀬川公園では、その日の聖火リレーの開始地として出発式が実施され、東京2020オリンピック競技大会に向けた気運を大いに盛り上げた。

オリーブの木とともに、ここに長く記念するものである。

2021年７月７日

草加市長　浅井 昌志

写真Ⅲ　聖火リレー記念銘板（筆者撮影）

## 4　ホストタウン事業

東京2020大会の特色の一つは、多くの自治体が外国選手団を誘致するホストタウンと事前キャンプ地に手を挙げたことである。埼玉県のウェブサイトでは、ホストタウンは「東京2020大会に向けて、地域の活性化や観光振興などの観点から、参加国・地域との人的・経済的・文化的な相互交流を図る地方公共団体を国が登録する制度」であり、事前トレーニングキャンプで来日した選手や大会に出場した選手との交流、パラリンピックを契機とした共生社会の実現などに取り組む団体が登録される」と紹介されていた。続いて「事前トレーニングキャンプ」は、「選手が国際大会などに出場するにあたって、会場となる国や地域の気候などに慣れるための事前調整として行われる合宿」と述べられていた。

また、『日本経済新聞』(2021年8月7日付)によると、「ホストタウンはスポーツや文化の交流を地域活性化に繋げ、東京大会後も継続的に交流を続けることを狙う取り組み」であり、「東京大会に参加する国・地域を日本全国の自治体がそれぞれ支援する『ホストタウン』は五輪・パラリンピック史上で初の取り組み」と位置づけている。ポイントは、「スポーツだけでなく文化、経済など様々な分野で交流し、地域の活性化やグローバル化をめざす」ところであるという。

ホストタウン誘致に手を挙げた自治体が最初に直面する課題は、どの国のどの競技の選手団と合意できるかである。自治体が外国の選手団を誘致するきっかけとして、当該競技の施設を持っていることをアピールする、競技団体のパイプを活かす、著名アスリートなどに紹介を依頼する、自治体に居住する外国人にゆかりのある人物を紹介してもらう、姉妹都市を活用する、県などから紹介してもらうなどが考えられる。

草加市は2019年3月、コロンビア・パラリンピック委員会と水泳競技の事前キャンプの実施で合意した。内閣官房東京オリンピック・パラリンピック推進本部事務局のウェブサイトに掲載された、ホストタウン第13次登録関係の文書の中で草加市は「事前キャンプを通し、スポーツ振興はもとより、人的・文化的などの相互の国際交流を深めるとともに、障がいの有無に関わらず、個性を尊重し合いながら共生できるまちづくりの実現を目指していく」と記している（登録日は2019年４月26日）。

草加市においても、外国選手団の事前キャンプ地やホストタウンになることは、国際化の推進、地域の情報の対外発信、選手応援を通じた市民の一体感の醸成などの契機になる。コロンビア水泳チームに関わるホストタウン協定を結んだことを受けて、東京2020大会に向けた国際交流や教育に関するプログラムが具体的に動き出した。

パラリンピック出場チームの受け入れは、共生や多様性の重要性を市民が再認識する機会になる。東京2020大会では、パラリンピアンを受け入れることにより、ユニバーサルデザインを取り入れたまちづくりや心のバリアフリーを目指す「共生社会ホストタウン」制度も導入された。草加市は同制度に登録しなかったものの、コロンビア共和国のパラリンピアンに対して最良の対応をしたと言えよう。なお、埼玉県の自治体で共生社会ホストタウンに登録したのは、本庄市、富士見市、北本市、三芳町である。

東京2020大会を前に多くの自治体がホストタウンに登録した。「ホストタウンや事前キャンプ地での交流は全国545の自治体で検討されていたものの、新型コロナ対策の難しさを理由に見送る自治体が相次いだ。2021年７月16日時点で約３割の183自治体が交流を中止した（内閣官房）」という（『日本経済新聞』2021年８月７日付）。残念ながら、草加市も選手団の受け入れを中止した自治体の一つである。2021年５月27日付で、コロンビア・パラリンピック委員会の会長より浅井昌志草加市長（当時）宛に「コロンビア・パラリンピック水泳代表チームの事前キャンプキャンセルについて」と題する書簡が送られてきた。代表チームが東京パラリンピック大会期間中に草加市を再訪することはなかった。

## 5 選手応援事業

地元ゆかりの選手を応援することも、市民の一体感の醸成に貢献する。選手応援事業が成立するためには、草加市「ゆかりの選手」が大会に出場する必要がある。ゆかりの選手の明確な定義は見あたらないものの、次の三つが該当しよう。すなわち、①市内出身者、②市内を練習拠点としている競技者、③市内の大学、企業、競技団体などに所属している競技者である。ホストタウン事業や事前キャンプで受け入れる外国人選手は、②当該地域を練習拠点としている競技者に含まれよう。埼玉県ゆかりの東京2020オリンピック大会出場選手は85人[20]、同じくパラリンピック大会出場選手は39人であった（『朝日新聞』第２埼玉版2021年８月14日付）。埼玉県民734万人（2022年12月１日現在）が合計124人のゆかりの選手（ホストタウンや事前キャンプを除く）と繋がっていた計算になる。

東京2020大会の開催により、埼玉県や草加市という地域がクローズアップされ、選手の動向が地元の誇りや愛着と結び付けられて報道されたように思える。そして、メダリストが自治体の首長を表敬訪問した様子が伝えられた。

20 埼玉県ウェブサイト（https://www.pref.saitama.lg.jp/a0001/news/page/news2021071601.html）（2021年８月10日最終閲覧）

草加市では市内出身の高橋和樹選手がパラリンピック種目のボッチャでBC3混合個人とBC3混合ペアに出場し、BC3混合ペアで見事に銀メダルを獲得した。同選手はリオデジャネイロ・パラリンピックにも出場している。

メダルを獲得したゆかりの選手の凱旋パレードやトークショーもレガシーを残す方法と言えよう。日本オリンピック委員会は2012月８月20日、ロンドン・オリンピックで史上最多（当時）の38個のメダルを獲得した日本代表選手団のパレードを東京・銀座で行った。金メダリスト７人を含む総勢71人のメダリストが参加したパレードに、およそ50万人が詰めかけたと伝えられている。草加市では、リオデジャネイロ五輪の体操男子団体総合で金メダルに輝いた内村航平、山室光史、田中佑典、加藤凌平の４選手の所属先であるコナミスポーツの練習拠点が市内にあることから、2016年９月11日に凱旋パレードが行われ、約３万人が沿道に詰めかけた。

## 6　草加市オリンピック・パラリンピック推進委員会

地方自治体が東京2020大会に関わる事業を企画・実施してレガシーを残すには、推進体制を整える必要がある。草加市役所にオリンピック・パラリンピック推進室（自治文化部）が設置された。加えて、推進委員会が新型コロナの流行前の2019年11月27日に発足し、2022年３月まで計８回開催された。委員は、「松並木に聖火を走らせる会」の会員、スポーツ関係諸団体、市内の経営者団体、小中学校関係者、獨協大学関係者（筆者）、市役所職員など計22名であった。

推進委員会会則には、推進委員会の目的として「次世代を担う子どもたちに、将来に語り継がれるような本市ならではの取り組みを、市民が一丸となり実現することを目的とする（第２条）」と記されている。推進委員会の守備範囲は、①聖火リレーに関すること、②ホストタウンの取り組みに関すること、③気運醸成に関すること、④市の魅力発信及び地域活性化に関すること、⑤その他、第２条の目的の推進に向けて必要なことの五つであった。

推進委員会会則より、オリンピック・パラリンピックに関わる活動を推進することで、草加市の魅力を発信して地域活性化に繋げる狙いがうかがえる。そして、草加市オリンピック・パラリンピック推進事業（東京2020大会に向けた取り組み）のサブタイトルに「未来につなぐ『草加の輪』プロジェクト」が使われた。人と人の繋がりや社会関係資本の醸成が意識されていたのである。

気運醸成のためにはスポーツに関わる団体・組織の参加が必要である。委員の出身団体・組織は活動実績が豊富であり、草加市のオリンピック・パラリンピックに関わる施策を効率的に行うことができる。一方で、草加市の課題として、より多くの市民の参加を募るために、スポーツに関心のない市民の気運をも高めることも含まれていたと考える。スポーツや東京2020大会に関心のない層に対しても啓発活動を継続的に実施する必要があった。できるだけ多くの市民が東京2020大会に関心を持ち、聖火リレーなどのイベントに接し、草加市ゆかりの選手を応援することがレガシーに繋がる。

第4章

# 東京2020大会と地域連携PBL

筆者のゼミでは、2016年度、2018年度、2019年度の計３回、オリンピック・パラリンピックをテーマにした地域連携PBLを、草加市役所と埼玉県庁の協力を受けて実施した。地方自治体の政策の方向性、学生の関心、そして市民の意向を一致させてプロジェクトを設計することが、各主体の満足度を高める鍵である。本章では、大学の教育活動と東京2020大会との関連を整理したうえで、筆者のゼミが展開した三つのPBLを紹介する。

## 1 大学の東京2020大会への対応

### （1）大学と東京2020大会の関わり

東京2020大会に関して、東京都に立地している大学のみならず全国の大学が気運醸成事業をはじめとして、何らかの貢献を期待されていた。日本の４年制大学在学者数は約292万人、短期大学の在学者数は約10万人である（文部科学省「令和３年度学校基本調査（確定値）」）。学生を含む若者の東京2020大会への関心を高め、大会の成功に貢献する人員を増やすことは、国民の幅広い参加を目指す東京2020組織委員会の大きな関心事であったと考える。東京都心にキャンパスを構える大規模校は、東京2020大会への対応に積極的だったように思える。埼玉県、神奈川県、千葉県の大学については、県内に競技会場が立地していたことから、学生は県内でのボランティア活動などを通じて東京2020大会との接点を持つことを期待できた。

**図表Ⅳ-1**に沿って、大学と東京2020大会との関わりを整理

図表Ⅳ-1　大学と東京2020大会の関わり

１．大学資源の提供

(1) 施設

(2) 専門人材

(3) 学生スタッフ

(4) 交流プログラム

２．学生への学修機会の提供

(1) 選手や大使館との交流プログラム

(2) オリンピック・パラリンピック関係の授業

(3) 人権、多様性、包摂性、共生などに関する授業

(4) セミナー・シンポジウムの開催

３．東京2020組織委員会との協定・手続きが必要なもの

(1) 東京2020組織委員会と大学の連携協定

(2) 東京2020参画プログラム

４．在学生・卒業生・教職員のオリンピック・パラリンピックとの関わり

(1) 選手として出場

(2) 選手サポートスタッフ

(3) 東京2020組織委員会メンバー・運営スタッフ

(4) 企業スポンサー、会場・選手村などで活動する企業関係者

(5) 東京都や地方自治体関係者

(6) 施設建設、テクノロジー提供

(7) 開会式や閉会式などのイベント出演者

(8) 各種ボランティア

（出典）筆者作成

する。大学が提供できる資源は、施設、専門人材、学生スタッフ、そして交流プログラムなどである。そして大学は学生の学修機会を作ることができる。それには、外国人選手や大使館との交流プログラム、オリンピック・パラリンピックに関わる授業、人権・多様性・共生などについての授業やイベント、大会関係者などを招いてのシンポジウムの開催などが含まれる。

東京2020大会と大学の関係で特徴的だった点は、学生が東京2020大会に関連のある活動をするために、大学として東京2020組織委員会と連携協定を結ぶ必要があったことである。東京2020組織委員会は、東京2020大会に向けて、IOCの誕生からちょうど120年目にあたる2014年６月23日のオリンピックデーに、大学・短期大学との連携協定の締結をスタートさせた。2021年１月１日時点で、全国の810の大学・短期大学が協定を締結していた。東京都や首都圏に限定することなく、全国の大学に対象が広がったのである。東京2020組織委員会は学生や連携大学と様々な活動を推進することを目指していたと考えられる。

獨協大学は当初連携協定の締結を見送る判断をした。その後筆者や障がいのある学生が大学としての連携協定を締結しないと、東京2020大会に関わる学生の活動が東京2020組織委員会から承認されない制度になっていることを主張したところ、2018年１月１日付で締結された。大学ウェブサイトに掲載されたニュースコーナーに、「2018年１月１日、東京2020組織委員会から届いたイベントやボランティア募集などの情報は、本学ホームページ及び中央棟１階にオリンピック専用情報コーナーを設置し周知いたしますので、ぜひチェックしてください」とのメッセージが添えられた。

東京2020組織委員会によると、大学連携のキーワードは三つある[21]。

1．教育（Education）
　オリンピック・パラリンピック教育の広がりや研究が地域や社会の課題を解決する。

2．経験（Experience）
　学生が一生に一度の特別な経験をする。

3．レガシー（Legacy）
　大学の知識や資産が、大会を支える。

そして、主な取り組みは、大会をつくる（ボランティアとして大会を支える、大会運営の準備に協力する）と大会をもりあげる（観客として選手を応援する、セレモニーやイベントに参加する）に大別できる。もちろん、若手アスリートの育成と活躍も含まれる。

獨協大学が大会をつくるに含まれる「ボランティアとして大会を支える」と「大会運営の準備に協力する」、大会をもりあげるに含まれる「観客として選手を応援する」と「セレモニーやイベントに参加する」に取り組んだ事例を筆者は知らない。大学としての積極的な対応が期待できない状況下、学生は「個人」としてボランティアに応募したり、セレモ

---

21　東京オリンピック・パラリンピック競技大会組織委員会（2021年）「東京2020オリンピック・パラリンピック競技大会大学連携報告書」p.20

ニーやイベントに参加した。若手アスリートの育成・活躍に関して、獨協大学が開学以来オリンピック、パラリンピック選手を１人も輩出していない状況は変わらなかった。

## （2）獨協大学とオリンピック・パラリンピック

東京2020大会に関わる地域連携PBLを展開するにあたり、筆者は獨協大学とオリンピック・パラリンピックとの歴史的な接点を探った。

獨協大学は、前回の東京五輪が開催された1964年に草加市に開学した、今では市内唯一の大学である。学生数は8,000人を超え、卒業生は10万人近いものの、これまでにオリンピック、パラリンピック選手を１人も輩出していない。従って、学生にとってオリンピアンやパラリンピアンは身近な存在ではない。

獨協大学の前身に遡ると、日本初のオリンピック選手であり、箱根駅伝の創始者の１人である金栗四三の存在がある[22]。金栗は日本が初めて参加した近代オリンピックである第５回ストックホルム大会（1912年）、第７回アントワープ大会（1920年）、そして第８回パリ大会（1924年）にマラソン代表選手として出場した（1916年の第６回ベルリン大会は第一次世界大戦のため中止）。

金栗は、アジア初のIOC委員である嘉納治五郎の要請により、大正６年（1917年）４月から大正９年（1920年）まで東京関口台町の獨逸学協会中学校に勤務し、地理を担当した[23]。

---

22　長谷川（2013, pp. 164-171）

指導した徒歩部は駅伝大会で好成績をおさめ、獨協の名前が注目の的になったという。金栗はアントワープ・オリンピック出場時には同校を退職していた。箱根駅伝では2004年より金栗四三杯が最優秀選手に贈られている。このような巡り合わせがあるものの、獨協大学は箱根駅伝に出場したことがない。少なくとも筆者が獨協大学に着任した2009年以降、箱根駅伝の予選会にも出場していない。

獨協大学が開学し前回の東京五輪が開催された1964年当時の様子を伝える話が二つある。一つは天野貞祐学長が五輪開会式直後の講話[24]の中で、オリンピック開催の是非に関する相反する意見を提示して、学生に問いかけているものである。もう一つは、東京五輪を控え、急増する輸送量に備えるために、日比谷線が建設され、東武伊勢崎線北越谷駅まで相互直通運転が開始されたことである[25]。これにより獨協大学の最寄駅である松原団地駅（当時）が都心と直結した。

## 2　東京2020チーム（2016年度）の活動

### （1）概観

筆者のゼミでは、2009年度から2021年度までの間に計50チームがPBLに取り組んだ。そのうち東京2020大会に関連するテーマを選んだのは、2016年度の「東京2020チーム」（7

23　武田（2014, pp. 44-51）
24　天野貞祐「オリンピックの聖火に思う」（1964（昭和39）年10月14日）（https://www.dokkyo.ac.jp/about/outline/history/founder/lectures/vol3.html）（2021年８月15日最終閲覧）
25　竹内（2014, p.178）

期生４名)、2018年度の「埼玉レガシー2020チーム」(９期生６名)、そして2019年度の「Plastic Free Club 2020チーム」(10期生７名）である（**図表Ⅳ-2**)。

三つのチームが取り組んだテーマは、東京2020大会のその時々の課題を反映していた。東京2020大会は長期プロジェクトであり、その局面は気運醸成期、具体的な準備期（委員会設立、聖火リレー、ホストタウン)、大会期間中、大会終了後のレガシーの継承の四つに分けることができる。

そして、東京2020大会に向けた活動は、全国レベル、都道府県レベル、そして市町村レベルの三つの階層で同時に進んだ。そのうち筆者のゼミが活動したのは、草加市と埼玉県に関わる部分である。以下では、東京2020大会に関連した三つの地域連携PBLについて述べる。

図表Ⅳ-2　ゼミ型地域連携PBLの取り組み事例（東京2020大会関係）

| チーム名と実施年度 | SDGs要素など | 草加市・県との連携 | アウトプット | 自治体広報 | メディア掲載 |
|---|---|---|---|---|---|
| 東京2020チーム（７期生４名、2016年度） | 共生社会 | 草加市スポーツ振興課 | プレゼン実施、レポート提出、聖火リレー署名運動への協力 | − | − |
| 埼玉レガシー2020チーム（９期生６名、2018年度） | 人の繋がり・社会関係資本の醸成 | 埼玉県県民生活部オリンピック・パラリンピック課 | つまようじアート、埼玉県パラリンピックイベント（参画プログラム）、ボランティア募集活動への協力、獨協大学でのボランティア募集セミナー協力 | − | 新聞、テレビ埼玉 |
| | | 草加市スポーツ振興課 | つまようじアート、草加スポーツフェスティバル（参画プログラム）、草加松原太鼓橋ロードレース大会出展 | 草加市HP（草加市長表敬訪問） | − |
| Plastic Free Club 2020チーム（10期生７名、2019年度） | SDGsの目標12（つくる責任　つかう責任）と14（海の豊かさを守ろう） | 埼玉県県民生活部オリンピック・パラリンピック課 | エコバッグ作成、埼玉県パラリンピックイベント（参加プログラム） | − | − |
| | | 草加市スポーツ振興課 | エコバッグ作成、草加スポーツフェスティバル（参画プログラム） | − | − |
| コロンビア共和国パラリンピック水泳チーム応援（11期生８人、2019年度） | 国際交流 | 草加市スポーツ振興課 | 選手・監督に草加市紹介アルバム手交、選手インタビュー、選手応援動画作成協力 | 草加市ＨＰ（選手インタビュー記事など） | − |

（出典）筆者作成

## （２）テーマ設定からプレゼンテーションまで

2016年度のゼミの３年生は総勢25人であった。2016年３月の春合宿でテーマとチームを決める話し合いをした結果、五つのプロジェクトチームが立ち上がった。

東京2020チームのメンバーの関心は最初から東京2020大会に向いていたわけではない。４人のうち２人はもともと観光に興味を持っていた。2016年当時、訪日外国人観光客の急増が報じられており、同年に2,403万9,700人に達した（日本政府観光局「年別訪日外客数・出国日本人数の推移」）。ちなみに前回の東京五輪が開催された1964年の訪日外国人観光客は35万2,832人であり、約68倍の開きがある。メンバーのうち他の２人はスポーツイベントに興味を示していた。2019年のラグビーW杯と東京2020大会は、インバウンド観光が注目されてから初めて日本で開催される、世界的規模のスポーツイベントであった。

観光に興味を持っていたメンバーの１人は、すべての人が楽しめるように作られた旅行で、年齢や障がいなどの有無にかかわらず、誰もが気兼ねなく参加できるユニバーサル・ツーリズムに注目していた。そして、ユニバーサル・ツーリズムとパラリンピックへの関心がチームの中で次第に結び付いた。草加市がパラリンピック選手団のホストタウンになれば、必然的に施設などのアクセシビリティが見直されると考えた。

東京2020チームが結成された2016年３月は、同年９月に開催されたリオデジャネイロ・オリンピック・パラリンピック大会の半年前にあたる。そして、東京2020大会の準備が本格的に動き出す中で、幾つかの混乱が生じた時期でもあった。新国立競技場の建設コストが膨らんだため2015年に当初計画が撤回され、同年末に新たな建設案が公表された。2015年に東京オリンピック・パラリンピックのエンブレムが白紙撤回された。再公募の結果、新しいエンブレムが決定したのは2016年５月であった。

2016年５月の連休中に、メンバー４人は草加市の観光資源を自分の目で確認するために草加松原を初めて散策した。獨協大生にとって、大学が獨協大学前〔草加松原〕駅の西側に立地しているため、東側に広がる草加松原を訪れる機会はほとんどない。

東京2020チームはプロジェクトの初期段階から、学生と近隣住民との繋がりの重要性や共生社会を意識していた。そのきっかけは、メンバーの１人が所属する運動部が大学のグラウンドで早朝練習をしていると、近隣住民より声がうるさいとの苦情が大学に頻繁に寄せられていたことである。学生と地域住民との信頼関係を醸成することなしに、苦情を減らすことはできないという問題意識をメンバーは共有した。

東京2020チームは、草加市スポーツ振興課でヒアリング調査を行った。2016年８月に同課に送信したアポイントメント取得メールの中で、チームの活動について説明している。筆者のゼミの2021年に至る、東京2020大会関係のPBLの軸となるスポーツ・ツーリズム、ユニバーサル・ツーリズム、快適都市といった言葉がその中に登場した。そしてメールでは、2020年に獨協大学に車いすバスケットボール代表チームを誘致すること、大学と地域の人々が高レベルのアスリートを間近に見ることができること、障がい者が活動しやすいまちは子どもから高齢者までが安心して暮らせる地域にもなること、草加市が提唱している「一人ひとりがつながり、支えあうことで暮らしの中に“豊かさ”を実感できる快適都市構想」にも合致することなどが触れられていた。

東京2020チームは2016年10月に、ブータンの陸上チームの事前キャンプ地に名乗りをあげていた埼玉県寄居町役場を訪問した。誘致成功に至るまでの取り組みや学生が貢献できる分野などを取材した。

東京2020チームは2016年度に、草加市スポーツ振興課で2回プレゼンテーションを行った。1回目は2016年12月で、タイトルは「パラリンピック選手誘致～スポーツからはじまる地域のつながり～」である。2回目は2017年2月であった。大学の施設を活用したパラアスリートの誘致活動についてまとめた論文「2020年東京パラリンピック事前合宿誘致に向けた提案～獨協大学、草加市、市民が連携して創る快適都市～」に基づいて発表した。

論文とプレゼンテーションでは、どの国のどの選手を誘致するべきかという点も含めて提案した。メンバーは、インターネットで、リオデジャネイロ・パラリンピックの全競技・全選手のデータにアクセスできた。新興国の有力パラアスリートがSNSで積極的に発信していることも、情報収集に役立った。草加市のまちづくりの方向性を踏まえたうえで、草加市がホストタウンになることの意義を考え、そしてレガシーを残すことが論文の骨格であった。草加市が推進する快適都市構想と連動した発想を東京2020チームが発足当初より共有していたことは特筆される。

東京2020チームは2016年末時点で、草加市がホストタウンに名乗りを上げるのであれば、市の財政状況に鑑みてパラリンピック選手団を受け入れる可能性が高く、それも先進国ではなく新興国の選手団になるとの感触を得ていた。草加市がコロンビア水泳チームのホストタウンになることが公表されたのは、およそ2年後の2019年4月であった。

2016年当時の草加市の関心は、先述のように聖火リレールートの誘致であった。2016年11月１日から12月28日まで、聖火リレールート（奥の細道ルート）誘致のための署名活動が行われ、草加市から獨協大学へ協力要請があった。東京2020チームは学内を中心に約400筆を集めた。

東京2020チームの活動は、論文執筆と草加市スポーツ振興課での２回目のプレゼンテーションで終了した。**図表Ⅳ-3**は、2017年２月時点の筆者のゼミと草加市スポーツ振興課の関係性を示している。この関係性が2018年度以降のオリンピック関連の地域連携PBLの基盤になった。

**図表Ⅳ-3　2017年２月時点の関係性**

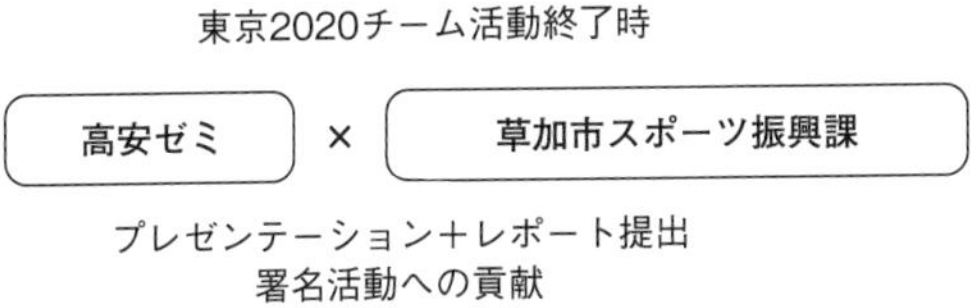


（出典）筆者作成

## 3　埼玉レガシー2020チーム（2018年度）の活動

### （1）テーマ設定までの経緯

残念ながら、2017年度は東京2020大会に取り組むチームは現れなかった。2018年度は３年生22人のうち６人が2018年３月に東京2020大会関連のチームを結成した。この時点では、草加市は聖火リレールートに選ばれておらず、コロンビア水泳チームの事前キャンプ地になることも決まっていなかった。当時の草加市と埼玉県の課題は、東京2020大会を２年後に控え、市民や県民の気運を醸成することであった。それは草加市にとっては聖火リレールートの誘致活動と、埼玉県にとってはボランティア募集事業と連動していた。

埼玉レガシー2020チームは、東京2020大会に関するプロジェクトに取り組むことを決心するまでにおよそ２カ月を要した。ある学生は、浅草を訪れる外国人観光客のサポートやムスリム観光客へのハラル商品の提供などに関心を持っていた。アートを使ったまちおこしに興味を持つ学生もいた。いくつかの候補地を訪れた後に、チームメンバーの関心事項がすべて含まれる東京2020大会に取り組むことを選択した。メンバーの１人の祖父が東京1964大会時に、埼玉県内を聖火ランナーとして走っていたという縁もあった。

埼玉レガシー2020チームは、東京2020大会のレガシーを地域に残すことによって住民の繋がりを深めることを活動の目的に据えた。1964年東京大会を知らないメンバーは、全員で昭和33年の東京の人間模様を描いた映画『ALWAYS 三丁目の夕日』を鑑賞した。これをきっかけに、人と人の繋がりの再構築をレガシーとして定めた。

## （2）プロジェクト内容の決定

埼玉レガシー2020チームは2018年６月15日に、草加市スポーツ振興課で気運醸成のための企画についてのプレゼンテーションを行った。タイトルは「草加市における東京2020プロジェクト～草加市民と獨協大生のレガシーづくり～」であった。この席で、草加市が毎年スポーツの日に開催する草加スポーツフェスティバルに参加することが決まった。

さらに草加市スポーツ振興課より、埼玉県県民生活部オリンピック・パラリンピック課（以下、埼玉県オリパラ課）の気運醸成担当者を紹介していただき、その日のうちに訪問した。そして2018年８月25日にららぽーと富士見（埼玉県富士見市）で開催される「埼玉で開催! ２年前イベント～東京2020パラリンピックに向けて～」（主催：2020オリンピック・パラリンピック/ラグビーワールドカップ2019埼玉県推進委員会および埼玉県）に出展することが決まった。目標動員数は富士見市立市民総合体育館で開催されるイベントと合わせて５万人であった。展示ブースの内容は、①大会PR、②ミニ体験・ワークショップ、③技術展示の三つに分かれ、筆者のゼミは②の枠で共栄大学と淑徳大学とともに参加した。このようにして、埼玉レガシー2020チームは草加市と埼玉県双方のイベントに関わる企画案を具体化し、後述の「東京2020参画プログラム」のステータスで参加することになった。

## （3）つまようじアートの製作

埼玉レガシー2020チームは気運醸成を目的に、「つまようじアート」を製作することを企画した。チームの人と人を繋ぐレガシーを残すというコンセプトを具体化する企画である。手書きの下絵を、つまようじで表現できるようにPCを使ってデータ変換した。五輪マークや草加市がデザインした図柄を使用できないという制約下で、埼玉県と草加市を象徴し、多くの人に参加してもらえるデザインを考えた。埼玉県内の

**写真Ⅳ-1　つまようじを着色している様子（学生撮影）**

自治体を聖火ランナーが走ることを示すために、中央に聖火を配置した。右側の松は草加松原を象徴している。左側は草加市の花の菊である。約３万５千本のつまようじを用いて手作業で作る縦80㎝、横120㎝のつまようじアートである。

つまようじアートは、６色のつまようじを一本一本刺して描く。そのため**写真Ⅳ-1**のように、つまようじを一本一本着色して乾燥させる必要がある。**写真Ⅳ-2**が示す通り、埼玉県民と草加市民に着色したつまようじを、ボード上の同じ色の穴に刺してもらうことでデザインを完成させた。およそ1,000人が手作りで一つの作品を完成させたのである。

つまようじアートを製作した意義は三つある。第一に、市民が完成図を参照しながらつまようじを刺す場所と色を選ぶことである。選択の要素を取り入れることで、あの部分は自分が作ったという意識が生まれ、記憶に残りやすくなる。第二に、多くの人が一つの作品を作り上げた実績を残すことが

写真Ⅳ-2　完成したつまようじアート（筆者撮影）

できた。子どもから高齢者まで幅広い世代の方々が参加した。第三に、つまようじを刺している場面の写真や映像がSNSで拡散されたことである。これにより、つまようじアートの記録がSNS上に末永く残されることになった。

## （4）東京2020参画プログラム

先述の大学連携協定と連動して大学・短期大学と東京2020大会を結び付けたのが「東京2020参画プログラム」である。このプログラムは、東京2020大会の気運醸成を日本全国で進めていくために、東京2020組織委員会が2016年10月に開始した制度である。埼玉県の参画プログラムに関するウェブサイトには、「このプログラムでは、スポーツ・街づくり・文化・教育・経済など八つの分野において、様々な組織や団体が実施するイベント・事業など（アクション）を『公認プログラム』または『応援プログラム』として認証し、多くの方に東京2020大会に参画してもらうとともに、東京2020大会後にも残るレガシーを創出していくことを目的としています」と記されていた。ちなみに、全国ベースでの参加プログラムの累計参加者は2021年８月には１億44万人を上回った模様である。「公認プログラム」は各省庁、開催都市、スポンサー、日本オリンピック委員会（JOC)、日本パラリンピック委員会(JPC)、会場関連自治体、大会放送権者などが実施する事業を対象とするもので、東京2020大会の公認プログラムのロゴマークを使用できる。埼玉県内の「会場関連自治体」は、さいたま市・川越市・狭山市・朝霞市・和光市・新座市であった。他方、「応援プログラム」は、公認プログラムの対象ではない団体が実施する事業である。大学はこれに含まれ、筆者のゼミは応援プログラムの認証を得て活動した。

### （５）草加市長表敬訪問

埼玉レガシー2020チームは2018年10月５日に、田中和明・草加市長（当時）を市役所に表敬訪問し、つまようじアートの製作に一役買っていただいた。そして遂に、同年10月８日に綾瀬川左岸広場（現・まつばら綾瀬川公園）で開催された草加スポーツフェスティバルのステージ上で、ヨネックスのバドミントン部の選手と監督につまようじが刺さったプレートをはめ込んでいただき、約千人が約３万８千本のつまようじで製作した作品が完成した。

埼玉レガシー2020チームが草加市長を表敬訪問したときの様子が草加市ウェブサイトに掲載された（下線は筆者による)。

## 東京2020大会におけるレガシーの創出に向けて
## 獨協大学高安ゼミ「埼玉レガシー2020チーム」が
## 市長を表敬訪問

平成30年10月５日（金）

草加市では、獨協大学経済学部高安ゼミと連携して2020東京オリンピック・パラリンピック競技大会に向けた気運醸成に取り組んでいます。

高安ゼミとの連携は、平成28年度に高安ゼミで「チーム2020」を立ち上げたことを発端に、市へ東京オリパラを契機としたまちづくりのプレゼンを行ったことからスタート。聖火リレー誘致の署名活動にも積極的に協力して、獨協大学から市に提出された508筆の署名の内400筆の署名は同ゼミ生が集めました。

大会を２年後に控えた今年度は、「埼玉レガシー2020チーム」としてバージョンアップ。レガシー創出に向けた行動を草加市（埼玉県）、草加市民（埼玉県民）、獨協大学が協働し、地域コミュニティの活性化に繋げることをコンセプトとして活動を展開しています。

「埼玉レガシー2020チーム」の今年度の活動内容は、市の主要イベントへの参加、都市ボランティアの募集活動や埼玉県パラリンピック２年前イベントへのブース出展などの実施を予定しています。

**写真Ⅳ-3　草加スポーツフェスティバルでの活動
（草加市役所提供）**

ゼミ生は、埼玉県パラリンピック２年前イベントと草加スポーツフェスティバルに「東京2020参画プログラム」の認証を得て参加した（**写真Ⅳ-3**）。同プログラムとして認められると、公認プログラムであることを示す公認プログラムマークが描かれた旗などを使用できる。東京2020組織委員会の東京2020参画プログラムのウェブサイトに掲載した、草加スポーツフェスティバルに関わる文面は次の通りである。

みんなでつくろう！つまようじアート!!

草加スポーツフェスティバル「獨協大学高安ゼミブース」

開催日時：2018年10月８日（月）

開催場所：草加市綾瀬川左岸広場（現・まつばら綾瀬川公園）（埼玉県）

開催概要：東京2020大会に向けて、地域コミュニティを強化し、人々の繋がりをつくるという目的のもと、誰でも参加することができる、つまようじアートを製作しいています。このつまようじアートは草加市をはじめ、埼玉県民の皆様と一緒に作り上げていきます。これにより人々の記憶のレガシーとして残れば良いと考えています。

主催者または申請者：獨協大学経済学部高安ゼミ
埼玉レガシー2020チーム

参加人数：1,000人

成果：

予想を超えたくさんの方々にご来場いただくことができ、大変活気溢れるイベントとなりました。また、老若男女すべての世代の方に興味・関心を持っていただき、約3万8千本を使ったつまようじアートを無事完成させることができました。完成後はつまようじアートと写真を撮る方々も多くいらっしゃり、人々の記憶のレガシーとして残すことができたと思います。私たちをはじめ、たくさんの来場者の方々と楽しんでイベントを終えることができました。

埼玉レガシー2020チームは、2019年3月10日に開催された第8回草加松原太鼓橋ロードレースにも、気運醸成事業の一環として出展した。同ロードレースは、その名が示す通り太鼓橋を含むコースを走るイベントであり、松並木の部のコースは10kmである。なお、2020年から2022年まで新型コロナの影響で開催中止に追い込まれた。

## （6）埼玉県の気運醸成事業への協力

### ①県民の東京2020大会への関心を高める

埼玉レガシー2020チームが活動した2018年度は、「気運醸成」が東京2020大会関係者の大きな関心事であった。気運とは、「時代のなりゆき、すなわち、社会が一定の方向に動いていこうとする勢いや傾向の意」である（『旺文社国語辞典』第十版）。醸成とは、「ある気分やふんいきを、だんだんとつくり出すこと」である（『角川必携国語辞典』）。自治体はこのつかみ所がない気運醸成に苦心していた模様である。東京2020組織委員会や自治体が懸念したのは、東京2020大会への市民の関心が高まらず、ボランティアの募集に支障が生じたり、競技会場に空席が目立つ展開であったのではないか。さらには、人と人の繋がりを社会関係資本の醸成や共生に結び付けるシナリオが崩れることが懸念されていたように思える。

東京2020チームが活動した2016年度は、2013年９月にIOCアルゼンチン総会で東京2020大会の開催が決まった直後の熱は冷めており、五輪エンブレムの変更や新国立競技場の建設費用などの問題が関心を集めていた。埼玉レガシー2020チームが活動した2018年度は、東京2020大会を２年後に控え、ボランティアやホストファミリーの募集、そして観戦チケットの販売などが本格化した時期にあたる。市民に東京2020大会に関心を持ってもらうだけでなく、具体的な行動に踏み出してもらう必要があった。

埼玉県は県内で四つの競技が開催されることを県民に周知することに手間取っていた。埼玉県が2015年度に実施した第83回簡易アンケート「2020年東京オリンピック・パラリンピック競技大会の県内開催について」によると、「あなたは埼玉県内でも2020東京大会の競技が開催されることを知っていますか」との質問に対して、「はい」の回答は71.5％で「いいえ」は28.5％であった。2019年１月に実施された第138回簡易アンケートでは、「はい」が91.0％、「いいえ」が9.0％となり、この時点ではかなり浸透していた。

「スポーツ振興」（平成28年度県政世論調査）によると、東京2020大会への関心度は、「関心があるため、テレビなどで観戦したい」（39.5％）が最も高く、これに「大変関心があり、会場で直接観戦したい」（16.4％）を合わせた「関心が高い」層は55.9％であった。一方で、「たまたまテレビなどで目にすれば観戦するかもしれない」の27.9％と「特に関心はない」の15.8％を合わせた「関心が低い」層は計43.7％であった。

### ②SAITAMA PRIDE

埼玉県は2018年当時、県内で東京2020大会の競技が開催されることを、2019年開催のラグビーW杯の県内開催と併せて、県民にアピールしていた。しかし、埼玉県は面積が広く市町村の数が63と多いため、気運醸成は容易ではない。県南部の住民は埼玉都民と呼ばれ、職場のある都内に関心がある。埼玉県でオリンピック・パラリンピックが開催されることを地元への愛着に繋げるためには、県内で四つの競技が行われることを周知する必要があった。

そのための手段の一つが「SAITAMA PRIDEアンバサダー認定証」であった。認定証（プラスチックのカード）の裏面には「私はSAITAMA PRIDEアンバサダーとして、東京2020オリンピック・パラリンピックとラグビーワールドカップ2019が埼玉県で開催されることを出来るだけ多くの人に伝えます」と記されている。アンバサダーになるための条件は、東京2020大会の埼玉県内開催競技・会場を認識すること、そして県内開催競技・会場をできるだけ多くの人に伝えることである。埼玉県が主催するイベント会場などに設置されたブースで申し込むと、その場でアンバサダーになることができた。東京2020大会終了時点で23万9,606人をアンバサダーとして認定していたという。これは2018年の埼玉県の人口の3.4％に相当する。埼玉レガシー2020チームは、埼玉県と草加市のイベントに出展した際にSAITAMA PRIDE アンバサダーを広める活動にも取り組んだ。

これまで述べてきた気運醸成事業の狙いを、人が行動を変える場合に「無関心期」→「関心期」→「準備期」→「実行期」→「維持期」の五つのステージを通ると考える行動変容ステージモデルに従って整理してみたい。つまり、①市民や県民がオリンピック・パラリンピックに無関心な状態（無関心期）から、②開催されることに関心を持ち（関心期）、③ボランティア活動や観戦チケットの入手方法などを自分で調べ（準備期）、④実際にボランティアや観戦を体験し（実行期）、⑤会期終了後も地域でのボランティアやSDGsに取り組む（維持期）展開である。まずは関心期にいる県民の母集団を増やし、③から④を経て⑤へシフトする人数をできるだけ多く確保することが、埼玉県の課題であったと考える。

**③メディアを通じた呼びかけ**

埼玉レガシー2020チームはメディアへの出演を通じて、気運醸成事業に貢献した。埼玉県オリパラ課の依頼を受けて、埼玉県都市ボランティア募集の広報活動に協力した。2018年８月16日にJR大宮駅西口で都市ボランティア募集活動に他大学の学生とともに参加し、通行人にチラシを配りながら応募を呼びかけた。この様子は『NHK首都圏ネットワーク』に加えて、翌日の『産経新聞』と『東京新聞』などで取り上げられた。さらに、同年11月３日には、テレビ埼玉の番組『埼玉で開催！Tokyo2020』内の企画「東京2020オリンピック・パラリンピックに向けた大学生の活動」の中で、埼玉レガシー2020チームの学生が他大学の学生とともにインタビューに答える様子が放送された。

**④埼玉県のボランティア募集活動への協力**

埼玉レガシー2020チームは、埼玉県のボランティア募集活動に協力した。2018年度に埼玉県による募集が本格化し、筆者に獨協大学で募集活動ができないか打診があった。獨協大学は埼玉県内で学部学生数が最多で、外国語に堪能な学生が多い大学である。2018年８月１日と９月26日に、埼玉県オリパラ課の職員が都市ボランティアに関する学生向け説明会を開催した（**写真Ⅳ-4**）。合計で約100人の学生が出席した。説明会では、ドイツ語学科の１年生より「ドイツ語を学び始めて間もないが、２年後の2020年に一定のレベルに上達している前提でボランティアに採用される可能性」について質問があった。ボランティアは語学を学ぶインセンティブになったようである。

埼玉県では5,400人のボランティア参加枠に最終的に9,650人もの応募があり、ボランティアが不足する事態は杞憂に終わった。

**写真Ⅳ-4　ボランティア説明会（2018年８月１日）（筆者撮影）**

### ⑤地域住民へのプレゼンテーション

埼玉レガシー2020チームは2018年12月15日に獨協大学で開催された「近隣町会自治会懇談会」において、「草加市におけるオール埼玉プロジェクト～2020年に向けたレガシーの創造～」と題するプレゼンテーションを行った。人々に“記憶”と“つながり”のレガシーを残すこと、そして地域コミュニティの強化を目的に活動してきたことを強調した。同懇談会は、学生がオリンピック・パラリンピックを地域コミュニティを維持するための好機と捉えて活動していることを、町会と自治会の役員に直接伝える場となった。

## （７）プロジェクト終了時点の地域での関係性

2019年３月にチームとしての活動を終えた時点で、埼玉レガシー2020チームはつまようじアートという多世代の市民が参加できるコンテンツを活用して、埼玉県主催のパラリンピック２年前イベント、草加スポーツフェスティバル、そして草加松原太鼓橋ロードレースに出展していた。

**図表Ⅳ-4**は、同時点の高安ゼミ、草加市スポーツ振興課、埼玉県オリパラ課などの地域連携を図示したものである。筆者のゼミは、草加市と埼玉県に気運醸成などの分野で貢献できた。草加市のスポーツ振興のネットワークの外にいる大学生が気運醸成事業に参加したことにより、既存の市のチャネルではアクセスが難しい市民も含めて、人と人の繋がりの大切さを認識してもらうことができたと考える。

先に見た通り、東京2020チームの活動が終了した2017年２月当時は、筆者のゼミと草加市スポーツ振興課の繋がりのみが存在し、協力実績は聖火リレーコース誘致の署名活動、そして成果物はゼミ生によるパラリンピック選手団受け入れに関するプレゼンテーション資料と論文のみであった。埼玉レガシー2020チームの活動終了時（2019年３月）には、地域連携がかなりの広がりを見せ、多くの市民を東京2020大会というコンテンツを用いて繋げることができた。

図表Ⅳ-4　2019年３月時点の地域連携のカタチ

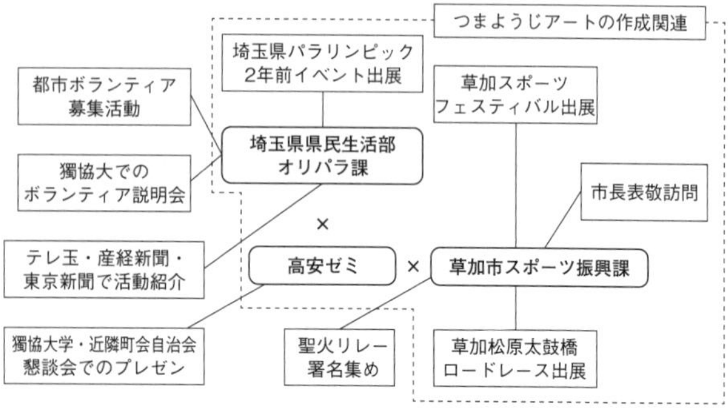


（出典）筆者作成

## 卒業生の声

**大口智紀**（埼玉レガシー2020チーム　９期生 2020年３月卒）

我々のチームは東京オリンピックを通じて、埼玉県および草加市の人々の繋がりを深めるきっかけになるのではないかと考え、埼玉県庁や草加市役所のご支援のもとイベントを企画、運営しました。

プロジェクトを進めていくにあたって一番勉強になったことは社会人の方との関わりです。普段の大学生活では学内のコミュニティで完結していることが多く、社会人の方と交流する機会が少なかったです。そのため埼玉県庁や草加市役所の担当者の方々と一緒に進めるにあたって、ビジネスメールの書き方やスケジュール調整、イベントの準備や段取りなど、決められた期間内でマルチタスクをこなす必要があり、社会に出た今もプロジェクトで得た経験が生きていると感じています。

メンバー６人でゼロから必死に考えやっと作り上げた企画でしたが、これで良いものかと何度も議論をしながら悩みました。しかし無力の学生ながらプロジェクトの成功に向けて全力で取り組んだ結果、一緒に進める担当者の方々も同じ熱量をもって取り組んでくださり無事にイベントは成功しました。イベントに参加いただいた方々の笑顔を見たときは非常に嬉しく、イベントの成功という形で結果を残せたことは今でも大きな自信に繋がっています。

このことからもプロジェクトで得た経験というものは、普通の学生では得られないことが多く間違いなく現在の自分の糧となっており、良い経験をさせていただいたと感じています。

## 4　Plastic Free Club 2020チームの活動

東京2020大会が翌年に迫っていた2019年３月に、Plastic Free Clubチーム（10期生７人）が立ち上がった。同年４月に草加市がコロンビア水泳チームをホストタウンとして受け入れることが、そして６月に草加松原が聖火リレールートに選定されたことが発表されるなど、東京2020大会に向けた準備が具体的に進んでいた。

Plastic Free Club 2020チームは「東京オリンピック・パラリンピックをきっかけに環境問題を考える」をコンセプトに、プラスチックごみの発生源対策と早期回収に向けたプロジェクトを展開した。前年度までの「東京2020大会×地域連携」にSDGs要素が加わった活動である。SDGs要素が追加された背景には、東京2020大会の課題の一つにごみの削減が掲げられていたことや、世界的に海洋ごみ、とりわけプラスチックごみが問題視されるようになっていたことがある。メンバーは、東京2020大会と地域連携とSDGsを掛け合わせて、最終的にプラスチック消費を大幅に抑制するライフスタイルを提案することを視野に入れていた。

Plastic Free Club 2020チームは、東京2020大会が開催される東京都と獨協大学が立地する埼玉県の境をなす荒川から大量のごみが東京湾に流れ出していることに注目した。流域内人口は1,000万人弱であり、プラスチックを含む生活ごみが大量に散乱し、堆積している。メンバーは、NPO法人荒川クリーンエイド・フォーラムを取材するとともに、荒川河川敷でごみ拾いをした。

文献調査とヒアリング調査を経て、Plastic Free Club 2020チームはエコバッグの利用推進によるプラスチックごみの削減を企画した。環境省が2020年7月までにレジ袋の有料義務化を実施することを発表していたこともあり、エコマークの付いたコットン100%のバッグに、自ら考えた「レジぶくろつかいませんげん」というメッセージを添える企画を考えた（**写真Ⅳ-5**）。エコバッグの製造を草加市内の企業に発注した。

2018年度の埼玉レガシー2020チームに続き、埼玉県オリパラ課と連携し、2019年８月24日に、ららぽーと富士見で開催された五輪パラリンピック１年前イベントに出展した。同イベントは埼玉県が主催するもので、「スポーツで世界とつながる」をコンセプトに県内各地で開催された。この時点で、埼玉県内では15の自治体が五輪参加国との間でホストタウン登録をしていた。

写真Ⅳ-5　Plastic Free Club 2020チームが製作したエコバッグ（学生撮影）

１年前イベントでメンバーは、東京2020大会がSDGsや環境に配慮した大会であることを踏まえ、プラスチック廃棄物を減らすことの大切さについてパネルを用いて来場者に訴えた。出展ブースでは、メンバーがプラスチックを使わない生活を送った時の写真や、川で撮影したごみの写真などを掲示したパネルに、多くの来場者が関心を寄せた。企画に賛同してくださった方々に、レジ袋を削減するために製作したエコバッグ「レジぶくろつかいませんげん」を250枚無料配布した。このエコバッグは洗濯しても繰り返し使うことができる素材で作られている。小さなお子さんを中心としながらも幅広い世代の方々に手交した。

レジ袋企画のミソは、埼玉レガシー2020チームのつまようじアートと同様に、来場者が自らの手で作り上げるところにあった。白地の布で製作したコットン製のエコバッグに、子どもたちが自由にデザインを施して自分だけの作品を作ることができた。来場者が手でアルファベットのスタンプを押してメッセージを文字化することでエコバッグに愛着をもっていただき、プラスチックゴミ削減への意識を高めて行動に繋がることを狙った。エコバッグは、東京2020参画プログラムとして2019年10月14日に出展した草加スポーツフェスティバルと翌11月に開催された獨協大学の学園祭で、プラスチックごみの削減に賛同してくださった方々に無料配布した。Plastic Free Club 2020チームは一連のイベントを通じて、800人を超える方々をブースに迎え、用意したエコバッグ計450枚をすべて配布した。地域の方々が触れ合い、プラスチック廃棄物削減についてともに考える貴重な機会になった。

## 5 ゼミ生によるボランティア活動

### （1）2年生（11期生）の活動

筆者のゼミは、東京2020大会に関わるボランティア活動にも従事した。2019年９月に、２年生（11期生）は事前キャンプのために来草したコロンビア水泳チームとの交流事業に参加した。これはPBLではなく、２年生有志による国際交流活動である。コーチ１名と選手５名で構成される計６名の選手団は９月17日（火）から10月１日（火）まで市内に滞在した。

選手団の来草に先立ち、草加市スポーツ振興課が2019年６月に獨協大学において、スペイン語を専攻する学生向けのボランティア説明会を行った。そしてスペイン語が堪能な学生２人が、９月19日に選手団を草加松原などに案内した[26]。

翌20日に、両新田小学校にて選手団が講演をしたあと、高安ゼミ生が選手にインタビューを行った。その様子が草加市ウェブサイトで「獨協大学生がコロンビア共和国パラリンピック水泳選手団へインタビューを行いました」として紹介された。

26 草加市ウェブサイト「コロンビア共和国パラリンピック水泳選手団の事前キャンプvol. １」（https://www.city.soka.saitama.jp/cont/s1002/010/010/090/PAGE0000000000000061901.html）（2021年８月20日最終閲覧）

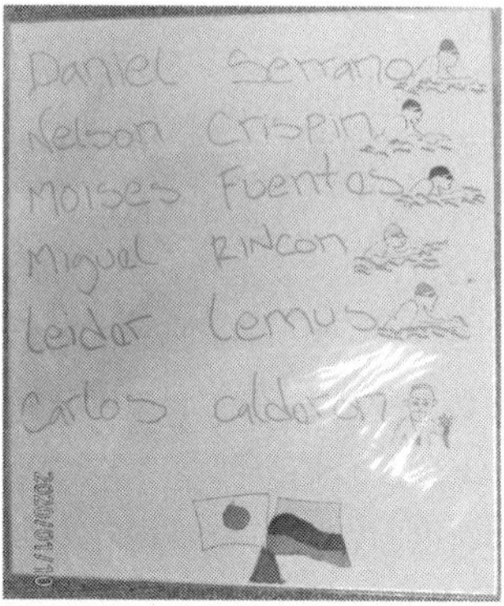


写真Ⅳ-6　コロンビア水泳チームから送られた色紙（筆者撮影）

## （2）その他の協力事案

筆者のゼミの10期生が草加市スポーツ振興課からの依頼により取り組んだものの、新型コロナの影響で日の目を見なかった活動が二つある。一つは、2020年３月に草加市ゆかりの聖火ランナー３人にインタビューした様子を収録した動画の作成である。草加文化会館で収録したものの、同月末に東京2020大会の１年延期が決まったことから動画はお蔵入りとなった。

もう一つは、リストバンドのデザインである。市内の小学生に配布され、商店で見せると割引価格で商品を購入できるなどの特典が付与される予定であった。しかし、新型コロナの影響で企画は中止され、リストバンドの製造は見送られた。

筆者のゼミ以外にもボランティア活動が広がる気配があった。2020年３月８日に開催される予定であった第９回草加松原太鼓橋ロードレース大会のボランティアに名乗り出た獨協大学の運動部があったものの、新型コロナの影響で大会は中止された。

## 6 事前キャンプの中止

2020年３月末に新型コロナの影響で東京2020大会の１年延期が決まった。その後も草加市はコロンビア水泳チームを東京パラリンピック大会で受け入れる準備を進めたものの、2021年６月14日に草加市ウェブサイトに「コロンビア共和国パラリンピック水泳選手団による事前キャンプの中止について」と題するお知らせが掲示された。その内容は、「今年８月に予定していた、コロンビア共和国パラリンピック水泳選手団による事前キャンプは、同国パラリンピック委員会の申し入れにより、選手の健康と安全を考慮し中止となりました。残念ではありますが、引き続きホストタウンとして、選手の応援や交流を図ってまいります」というものであった。

選手団の再来草は叶わなかったものの、2021年７月１日に草加市立高砂小学校の４年生約120人が、モイセス・フェルナンデス選手ら３名とオンラインで対話するなど、交流は続いた（『朝日新聞（埼玉版）』2021年７月３日付）。

対面で応援する機会が失われたなか、草加市スポーツ振興課の発案により2021年８月に、草加市民の応援メッセージを収録した動画がコロンビア選手団とボッチャ日本代表の高橋和樹選手に届けられた。筆者のゼミからは、2019年に草加市で同選手団と交流した学生と水泳が得意な２年生（13期生）

が収録に参加した。

東京2020パラリンピック大会終了後の９月28日に、コロンビア共和国パラリンピック水泳選手によるオンラインでの市長表敬訪問が行われた。選手団を代表して、カルロス ダニエル・セラーノ サラテ選手が参加した。同選手は、金メダル１個、銀メダル１個、銅メダル２個を獲得した強豪選手である。

2021年10月９日・10日に草加スポーツフェスティバル2021が開催された。スポーツ健康都市記念体育館会場の「スポーツフェスティバルinパラフェスタ」において、ボッチャ混合ペアBC3で銀メダルを獲得した高橋和樹選手と競技アシスタントの峠田佑志郎選手、車椅子ラグビーで銅メダルを獲得した倉橋香衣選手による「パラアスリートトークショー」が行われた。

## 7 高安ゼミ生が果たした役割

### （1）付加価値

筆者のゼミが展開した地域連携PBLは、草加市と埼玉県の東京2020大会に関わる取り組みにいかなる貢献をしたのか。第一は、新しいアイデアを案出したことである。つまようじアート、エコバッグなどを市民と市民を結び付けるアイテムとして位置づけた。日の目を見ることはなかったもののリストバンドのデザインを発案した。

第二は、若い世代も東京2020大会に関心を持っており、主体的に気運醸成などに取り組んでいる姿を市民に見ていただけたことである。草加市で活躍するボランティアの平均年齢が上昇している中で、大学生の行動は目を引いたと思われる。

第三は、メディア、草加市の広報誌、そしてSNSなどの経路を通じて数多くの人々に東京2020大会の意義なり情報を届けたことである。こうした活動は、人と人の結び付きの促進やレガシーを遺すことに繋がったと考える。

## （2）PBLで繋がった人数

### ①ゼミ内

東京2020大会に関連したPBLなどにどれだけの学生が参加し、繋がることができたのだろうか。筆者のゼミで2016年度から2021年度の間に、東京2020大会関係のプロジェクトやイベントに携わった学生は29名である。PBLに取り組んだ三つのチームの計18人に加えて、2019年度に２年生８人がコロンビア水泳チームの応援に、そして３年生３名がリストバンドのデザイン作成や聖火ランナーへのインタビュー企画に携わった。この他にゼミ生ではない国際教養学部のスペイン語ボランティアの学生２名を加えると計31名になる。31人の学生には草加市と連携して東京2020大会に取り組んだ記録が確実に残る。2021年７月に予定されていた草加松原の聖火リレールートの清掃ボランティアが雨天中止にならなければ、参加者は３名増えていた。他に筆者のゼミのOBと現役生計３人が埼玉県などの都市ボランティアに選ばれたものの、新型コロナのために活躍の機会を逃した。

**②獨協大学構内**

獨協大学の構内で接点を持った方々は次の通りである。聖火リレールート誘致の署名に協力してくださった方が約400人、埼玉県職員が学内で行ったボランティア説明会への参加者が約100人、学園祭の来場者が約100人の計600人ほどである。他に、ゼミ生の活動を支援した職員が数名いる。前述の通り、近隣町会・自治体関係者約30人を対象としたプレゼンテーションも構内で実施した。

**③製作物**

つまようじアートの製作に参加した方が約1,000人、エコバッグの製作に参加した方が約450人で合計1,450人程になる。

**④メディアを通じた訴求**

メディアなどを通じてアクセスできた人数も多い。草加市ウェブサイトにゼミ生の活動を数回取り上げていただいたことから、市民にある程度PBL活動を認知していただけた。新聞２紙に加え、NHK総合テレビとテレビ埼玉が放送した東京2020大会関連の番組にゼミ生が登場した。

**⑤インターネットでの情報の拡散と蓄積**

インターネット上に市民が撮影した写真や動画が蓄積されたことは、東京1964大会や1998年長野冬期五輪大会と大きく異なる点である。つまようじアートやエコバッグの写真をSNSに掲載しシェアした方も多い。草加市におけるオリンピック・パラリンピックの取り組みについて調べる手がかりがインターネット上にレガシーとして存在し続ける。

**⑥コロンビア選手団を通じた草加市の情報発信**

コロンビア水泳チームが草加市、そして日本での経験を帰国後に広める経路も考えられる。そのためには選手らに草加市に愛着を持ってもらう必要があると考え、筆者のゼミ生が監督と選手一人ひとりにオリジナルのアルバムを作成して、2019年９月に草加市で行われた激励会で手渡した。

## （３）ゼミ生にとっての学びの機会

ゼミ生はレガシーを能動的に残す役割を担った。感動や共感を受け取る側ではなく、市民に呼びかける立場を経験した。一連の活動を通して学生が学んだことは、レガシーを遺したり共生社会を構築するには、相応の努力が必要だということであろう。

加えてゼミ生は、東京2020大会を題材にした地域連携PBLにより、国際交流、ダイバーシティ＆インクルージョン、SDGsの実践、社会関係資本の醸成、自治体の政策決定メカニズム、地域の活性化、観光業の育成をはじめとする数多くの現代的な問題について、学ぶことができた。

東京2020大会に関わる地域連携PBLに従事したゼミ生にとって、オリンピックとパラリンピックという地元での開催が希なイベントに在学中に巡り会ったことは幸運であった。東京都での開催は1964年以来57年振りである。東京2020大会はイベントとしての認知度がきわめて高いことから、ゼミ生は自分たちの活動の概要、目的、社会的意義などを簡潔に市民に伝えることができた。市民は学生の活動の意味を瞬時に理解できた。これは出展時により多くの市民との交流を可能にし、プロジェクトの円滑な推進に繋がった。

オリンピックとパラリンピックを題材に、筆者のゼミ生を含む全国の学生が学ぶ機会を得られたのは次の三つであろう。第一は、国際交流について学ぶ機会である。オリンピックとパラリンピックは参加国・地域が多く、ホストタウン事業などを通じて国際交流の機会を得ることができる。東京2020オリンピック競技大会には、205の参加国・地域並びに難民選手団が参加した。参加人数は11,092人であった。他方、東京2020パラリンピック競技大会には、161の国・地域選手団に難民選手団が加わった。これは2016年のリオデジャネイロ大会の159を上回り、2012年ロンドン大会の164に次ぐ数である。コロナ禍であったにもかかわらず史上最多の4,405人の選手が参加し、22競技539種目が開催された。うち女子選手は4割強の1,853人を占めた。

第二は、多様性について学ぶ機会である。オリンピック憲章は、IOCによって採択されたオリンピズムの根本原則、規則、付属細則を成文化したものであり、人権、多様性、競技に参加することの意義、不戦などが付随している。東京2020大会のビジョンを[27]、「すべての人が自己ベストを目指し（全員が自己ベスト）」「一人ひとりが互いを認め合い（多様性と調和）」「未来につなげよう（未来への継承）」を三つの基本

---

27 東京都オリンピック・パラリンピック調整部「大会ビジョン」（https://www.2020games.metro.tokyo.lg.jp/taikaijyunbi/taikai/vision/index.html）（2022年6月15日最終閲覧）

コンセプトとし、東京都は「史上最もイノベーティブで、世界にポジティブな改革をもたらす大会」の実現を目指した。大会ウェブサイトで、多様性は、年齢、人種や国籍、心身機能、性別、性的指向、性自認、宗教・信条や価値観だけでなく、キャリアや経験、働き方、企業文化、ライフスタイルなどを含む概念として紹介されていた。

第三は、包摂性について学ぶ機会である。インクルーシブな社会の構築は、日本の大学や自治体にとっても重要な課題である。パラリンピックは、「パラリンピックムーブメントの推進を通してインクルーシブな社会を創出すること」をゴールとして共生社会の構築を目指しているという。IPCのシンボルマークは「スリーアギトス」と呼ばれている[28]。「アギト」とは、ラテン語で「私は動く」を意味し、困難なことがあってもあきらめずに、限界に挑戦し続けるパラリンピアンを表現している。赤・青・緑の三色は、世界の国旗で最も多く使用されている色である。

## 8　気運醸成、レガシー、そして快適都市

### （1）気運醸成

東京2020大会のキーワードとして、気運醸成、レガシー、ボランティアを挙げることができる。それらが社会関係資本の醸成に繋がり、その基盤の上にスポーツ振興を含む市政が

28　日本パラリンピック委員会「パラリンピックとは」（https://www.parasports.or.jp/paralympic/what/index.html）（2022年６月15日最終閲覧）

展開され草加市の将来像である「快適都市」の実現に繋がる。

筆者は、東京2020大会に関わる気運醸成事業の明確な定義を見つけることができなかった。東京都中野区の資料によると[29]、それは①ある地域の不特定多数の住民を対象に、②東京大会に関する興味関心を呼び起こし、③事業をきっかけにして、東京大会の成功に向けて自主的に活動していく人が増えることを達成しようとする事業であり、④非営利で行われる事業である。

東京2020大会への関心が高まらないと、ボランティアや観客は集まらず、レガシーも遺らない。スポーツを通じた心身の健康の維持・向上に取り組む人は増えない。東京2020大会の開催都市ではない草加市にとっても、気運醸成は、聖火リレールートの誘致、草加市ゆかりの選手の応援、市民のスポーツ参加などに欠かせない重要な要素であった。

## （2）レガシー

オリンピックの役割として、よい遺産を開催国と開催都市にもたらすこと、すなわちレガシー（遺産）を残すことがある。これは2002年11月にメキシコシティーで開催されたIOC総会での決定を受け、翌2003年７月４日に発効した憲章に盛り込まれた。それ以降、開催立候補都市は、オリンピック・レガシーを考慮した提案を求められるようになった。そして、

29 東京都中野区ウェブサイト「【東京オリンピック・パラリンピック気運醸成事業のための助成】の手引き」（https://www.city.tokyo-nakano.lg.jp/dept/172000/d022156_d/fil/28oriparatebiki.pdf）（2022年８月19日最終閲覧」

オリンピック・レガシーとは、「オリンピック競技大会開催前、開催中、開催後の長きにわたり、開催都市とその住民、そしてオリンピック・ムーブメントにもたらされる長期的恩恵(long-term benefit）を指す」と説明される。

東京2020大会に関して「アクション＆レガシープラン」が作成され、実施された。そして様々な取り組み（アクション）の成果と未来に何が継承されていく（レガシー）のかを示した「TOKYO2020 アクション＆レガシーレポート[30]」が作成された。それによると、「東京2020大会に参画しよう。そして、未来につなげよう」をキーメッセージとして、「スポーツ・健康」、「街づくり・持続可能性」、「文化・教育」、「経済・テクノロジー」、「復興・オールジャパン・世界への発信」の五つの分野で、レガシー創出に向けた様々な取り組みが展開された。筆者のゼミが「東京2020参画プログラム」として実施したイベントもこれらに含まれる。

レガシー創出に向けた取り組みが意識された五つの分野は、いずれも現代社会における課題と密接に関わっており、開催都市ではない地方自治体にとっても対策が必要な事項である。東京都以外の自治体はIOCに五輪招致ファイルを提出しておらず（ホストタウン登録関係の提出書類は公開された)、五つに分類されたレガシーを遺す義務はない。その一方で、草加市として市民に東京2020大会に関わる事業を展開する理由を説明する必要性はあった。

---

30　公益財団法人東京オリンピック・パラリンピック競技大会組織委員会（2021)「TOKYO2020 アクション＆レガシーレポート」(https://www.2020games.metro.tokyo.lg.jp/special/a%26l.pdf)

草加市は近隣の市町とともに、東京2020大会の開催前にレガシーの創出を見据えていた。2018年7月9日に、草加市・越谷市・八潮市・三郷市・吉川市・松伏町で構成される埼玉県東南部都市連絡調整会議が、上田清司・埼玉県知事（当時）に「東京2020オリンピック・パラリンピック競技大会への気運醸成に関する要望書」を提出した。これには聖火リレールート誘致以外の要望事項が多く含まれていた。スポーツを通じた国際交流、ボランティア活動の活性化などのレガシーが創出されるとの考えが示された。連絡調整会議として「インバウンドを想定して広域での多言語版観光ガイドブックを作成したほか、今後、住民の大会への気運醸成に向けた取り組みを進めていく所存です」と述べている。知事への要望事項は、聖火リレーのコースの選定、聖火リレーの走者に関係者を加えること、大会ボランティア及び都市ボランティアを住民から積極的に受け入れることの三つであった。

東京2020大会の開催中に無形のレガシーを遺す必要がある。だが、東京2020大会の開催地ではなかった自治体にとって、オリンピックとパラリンピックを合わせても会期が1カ月ほどと短いこともあり難しい。草加市は大会前に聖火リレーを実施できたものの、いくつかのボランティア活動、市民による観戦、ゆかりの選手応援、そしてコロンビア水泳チームの来草などは中止された。

草加市民に将来にわたり語り継がれる最大のストーリーは、草加松原を聖火ランナーが走行したことである。このことが市民の草加市への愛着の向上に繋がることが期待される。松尾芭蕉は元禄2年（1689年）に、門人の河合曾良を伴って江戸を発ち、約2,400㎞を約150日かけて東北・北陸などを巡った。2021年に芭蕉が歩いたとされる草加松原を聖火ランナーが走ったことにより、332年の時を超えて松尾芭蕉と聖火リレーが結び付いて市民に改めて記憶された。コロンビア水泳チームは2019年に草加松原を訪れている。聖火ランナー、そしてコロンビア水泳チームの記憶が草加松原に上書きされた。

## （３）東京2020大会と快適都市

図表Ⅳ-5は、草加市における気運醸成の取り組みから、大会直前・会期中のイベント、レガシー、社会関係資本の醸成を通じて快適都市を実現するまでの道程を整理したものである。東京2020大会の開催決定からスタートし、快適都市の実現というゴールに向けたシナリオである。

図表Ⅳ-5　東京2020大会から草加市が目指す快適都市実現への道標

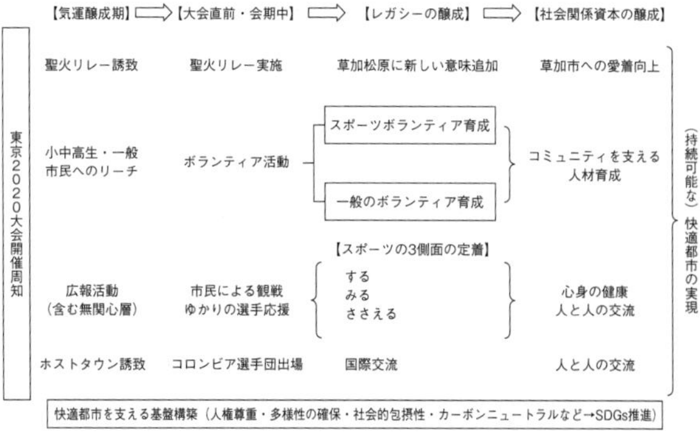


（出典）筆者作成

東京2020大会の開催が決まった2013年９月から2021年８月の東京パラリンピックの開催直前までの期間を気運醸成期とした。まず、このおよそ８年の間に草加市は、東京2020大会に市としてコミットすることを市民に周知したうえで、市民から賛同を得る必要があった。東京2020大会に限らず、税金を投入するイベントが成功するためには市民の広範な支持が必要である。特に2020年に入ってから、草加市が新型コロナ対策のための支出を強いられただけになおさらである。

東京2020大会は、市民の間に新しいネットワークを構築する機会でもあった。ネットワークは簡潔に表現すると「家族や地域、組織などにおける個人や組織間の繋がり[31]」である。コロンビア水泳チームや筆者のゼミの学生などは従来の町会・自治会、スポーツ協会、子ども会などのネットワークには含まれない活動主体である。

今後、時の経過とともに、東京2020大会の記憶を思い出す人は少なくなろう。しかし、何かのきっかけに記憶が呼び起こされよう。オリンピックとパラリンピックは４年ごとに開催される。その度に東京2020大会の記憶がメディアや自治体の広報媒体などを通じて再生されよう。

東京2020大会に関わることは、地方自治体にとって地域資源の魅力を発信する機会になる。つまり、既存のレガシーの有効活用である。草加市では草加松原がそれに該当する。市外に発信することで草加市の認知度を高め、可能であれば外国人を含む観光客の増加に繋げたいということであろう。他

31　露口（2016, p. 66）

方で市内への発信は、市民の地元への愛着度を高めることになろう。

**②スポーツボランティア、一般のボランティアの育成**

東京2020大会でのボランティアの募集は、大会を支えるボランティアの確保にとどまらず、大会終了後も引き続きボランティアとして活動する母集団の形成という側面を持つ。そして、ボランティア人材が地域のリーダーになり、コミュニティを支えることが期待される。多感な時期に東京2020大会に触れた生徒や学生が大会の記憶を末永く引き継いで地元に貢献することが望まれる。草加市は子どもたちのために東京2020大会に関わる教育プログラムを提供した。

**③スポーツの三つの要素**

東京2020大会の影響で、スポーツをする人、見る人、支える人が増えることが期待される。例えば、する人が増えることは、心身の健康や人と人の交流に繋がり、自治体としては健康年齢の長期化や医療費の抑制に繋がる。

**④国際交流**

行政や市民にとって、コロンビア水泳チームが草加市を練習拠点とすること、つまり選手団に草加を知ってもらい、パラリンピックで実力を発揮してもらうために、考え行動したことは価値がある。例えば、草加市のことをスペイン語でどのように説明するのか、選手団に誰とどのように交流してもらうのか、コロンビアや選手のことをどのように市民に紹介するのか、何をコロンビアと草加市の共通のレガシーとして遺すべきかなどを考え、実践する機会となった。こうした交流の経験を観光などに活かすことにより、海外との交流機会の拡大が望まれる。

## （4）快適都市の実現に向けて

### ①快適都市とは

「第四次草加市総合振興計画」は、将来の草加市をどのようなまちにしていくのかを示す「まちづくりの指針」であり、草加市ウェブサイトで次のように紹介されている。第四次草加市総合振興計画は、目指す都市像やまちづくりの目標などを記した構想（「基本構想」）と、その実現のための「基本計画」、「実施計画」を総称したものである。基本構想は、平成28年度から令和17年度までの20年間を計画期間としており、草加市の将来像を示し、これを実現するための施策の方針を提示するものである。基本構想では、「快適都市～地域の豊かさの創出～」を草加の目指す都市像としている。「快適都市」は「いつまでもこのまちで暮らしたい」、「このまちで子どもを育てたい」と実感できる都市のことを指し、次の四つの基本的要素から成り立っている。

・快適な環境
　環境にやさしい水とみどりのまちをつくる
・安全と安心
　人にやさしい安心して住み続けられるまちをつくる

・活気の創出
　にぎわいのあるまちをつくる
・地域の共生
　ともに力をあわせて自分たちのまちをつくる

基本計画では、基本構想に基づき施策を体系化している。計画期間は原則４年間となっており、現行の第二期基本計画は令和２年度から令和５年度を計画期間としている。基本計画では三つの重点テーマを位置づけており、それらに特に効果が高い取り組み、先導的な役割を果たす取り組みで、基本計画期間内に取り組めるものを優先的に実施することにより、厳しい社会状況の中でも効果的・効率的に将来都市像を実現することを目指している。

実施計画は、基本計画にもとづき、事業の内容や事業費を定めるもので、毎年度の予算編成の指針となる。計画期間は３年間とし、毎年度見直しが行われる。第四次草加市総合振興計画・第二期基本計画に基づく草加市実施計画2022（計画期間令和４年度から令和６年度まで）が策定されている。

ここで見逃してはならないのが、草加市において、社会関係資本の醸成、多様性と包摂性、人権尊重、男女共同参画などに関わる政策が、東京2020大会への取り組みと同時期に進められたことである。加えて、筆者は「快適都市」はSDGsと同じく持続可能でなければならないと考える。持続可能ではない快適都市はあり得ない。

そして、学生（若者）が自分たちの視点が反映されない都市を敬遠する展開に陥ると、快適都市の「快適さ」に疑問符が付き、人口減少が進むリスクが高まろう。逆に、SDGsの視点から地域の課題を解決した経験を持つ学生の要望を取り入れたまちづくりが進むならば、若者の定着率は高まる。さらに、SDGsに含まれる普遍的な概念である多様性、人権、平等などを、増加する外国人居住者と共有できるならば、外国人居住者と昔からの住民の双方にとって住みやすいまちになろう。学生や外国人が魅力を見いだせずに転出するまちは、存続が危うい。残念ながら、筆者のゼミに所属していた地方出身者のうち、卒業後も草加市に住んでいる者は1人もいない。

草加市が問われているのは、東京2020大会に関わったことから得られた政策面のレガシーを活かして快適都市を実現する構想力と実行力である。草加市は、厳しい財政事情のもとで、聖火リレー事業やホストタウン事業に取り組んだ。その経験を、市民のスポーツへの取り組み促進、ボランティア活動の活発化、町会・自治会への加入促進、共生社会や快適都市の実現に向けた合意形成などの分野で活用することを心の底から期待したい。

筆者は、草加市が東京2020大会とSDGsをきっかけとして、以前にも増して快適都市、そして持続可能なまちを目指すことこそがレガシーだと考える。その際に、東京2020大会に向けた草加市のコンセプトであった「未来につなげる草加の輪」、つまり心と体の健康を支えることができる人と人の繋がりを作り出すことが鍵を握ろう。

写真Ⅳ-7　13期生と東京2020大会聖火リレートーチ（大学にて撮影）

# 第5章

# 獨協大学・草加市・SDGs

筆者は、草加市と獨協大学がSDGsにともに取り組むことが、快適都市の実現、持続可能な都市の創出、ひいては草加市民の生活向上に繋がると考える。SDGsの達成に向けて地域と大学を結ぶのが、地域連携PBLである。草加市役所と獨協大学という市内最大規模の組織が連携していかなる課題にどのように取り組むのかによって、市民、学生、行政の関係性が変化しよう。本章では、獨協大学、草加市それぞれのSDGs対応について整理したうえで、実り多い連携の可能性を探る。

## 1 獨協大学の取り組み

本節では、獨協大学における2019年12月から2022年４月までのSDGs推進体制整備の歩みを、「獨協大学人権宣言」などの制定、埼玉県SDGsパートナーへの登録、SDGs推進連絡会の設置、教育面での取り組みである日経SDGs未来講座の四つを中心に述べる。

### （1）大学とSDGs

#### ①大学の社会・地域貢献活動

大学が教育研究に加えて、社会・地域貢献活動に積極的に取り組むようになってから久しい。そのきっかけの一つが2006年の「教育基本法」の改正である。大学の使命として、社会貢献が教育研究と並んで明確に位置づけられた。羅氏によると、大学の社会貢献とは、狭義には教育研究活動を通じた人材育成と知の創造である。広義には、教育研究の成果を社会に還元する様々な活動が含まれる[32]。

文部科学省が進めた「地（知）の拠点整備事業」を契機に、大学が地方自治体、民間企業、NGO／NPOなどと地域の課題に取り組む動きが拡大した。少子高齢化や地方創生が政策課題としての重要度を一段と増したことを反映して、同事業は平成27年度（2015年度）より「地（知）の拠点大学による地方創生推進事業」に衣替えした。

一方、当時の国際社会に目を転じると、2015年９月にSDGsが国連で採択されたのに続き、同年12月に開催された第21回気候変動枠組条約締約国会議（COP21）において、気候変動抑制に関する多国間の国際的な協定であるパリ協定が採択された。SDGsとパリ協定は、国・地域のみならず、地方自治体、民間企業、大学、そして個人も取り組むべき課題と認知されたと言えよう。

2010年代以降の国内外の情勢変化を受けて、少子高齢化や地方創生などの国内の課題と、気候変動などのグローバルな課題の双方について、大学は以前にも増して貢献を問われるようになった。企業が社会的責任（Corporate Social Responsibility: CSR）を負っているのと同様に、大学の社会的責任（University Social Responsibility: USR）を果たす必要がある。明石氏は、「社会貢献という切り口から大学の有り様の自己認識、あるべき姿の探究と自己改革が迫られている点に、社会貢献が特に喧伝される事態の核心があると考えられよう[33]」と述べている。

32　羅（2016, pp. 26-27）
33　明石（2012, p.11）

## （２）SDGs推進体制の構築

### ①「獨協大学人権宣言」などの制定

国内外の大学がSDGsへの取り組みを加速させるなか、獨協大学はどのような手順を踏んで推進体制を整備してきたのだろうか。以下では、制度整備が始動した2019年12月からSDGs推進連絡会の初年度の活動が一段落した2022年４月までの歩みを振り返る。

**図表Ⅴ-1**は、獨協大学における制度整備の全体像を示して

**図表Ⅴ-1　獨協大学におけるSDGs推進のための基盤整備**

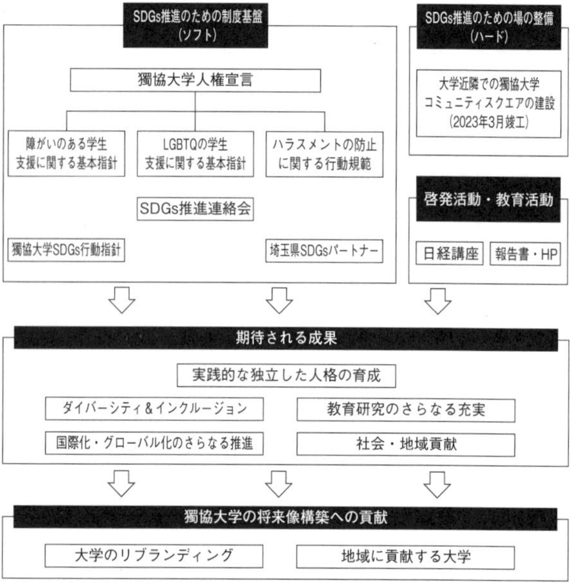


（出典）筆者作成

いる。その特徴は、左上の「SDGs推進のための制度基盤（ソフト面)」から着手したことである。SDGsの理念である「誰一人取り残さない」の実現に近付くためには、大学として人権擁護の原則を明確にするとともに、すべての大学関係者が安心して教育研究活動に取り組むことができる制度基盤を整備する必要がある。

筆者は、2019年４月から2023年３月末まで学生部長の任にあり、2019年12月に立ち上がった「支援を必要とする学生へのサポート体制整備検討部会」の副部会長を務めた。同部会の検討事項は、障がいのある学生の支援とLGBTQの学生の支援であった。ダイバーシティとインクルージョンを制度的に担保する試みである。障がいのある学生やLGBTQの学生を含むすべての学生が安心して教育研究活動に従事できる環境の整備を念頭に、支援のための基本指針を作成した。

「獨協大学人権宣言」が2020年８月に公表された。その目的は、前文に書かれているとおり「誰もが平等な教育研究の機会を与えられ、その人権が擁護され、人として成長できる場を創造すること」である。五つの項目の主語がすべて獨協大学であることが示すように、大学として取り組むべきことが記されている。最後の項目に地域連携と共生社会の構築への貢献が盛り込まれており、地域における大学の存在が意識されている。

その後、2021年４月に「獨協大学における障がいのある学生支援に関する基本方針」[34]と「獨協大学におけるLGBTQ学生の支援に関する基本方針」[35]が大学ウェブサイトに公表された。

## 「獨協大学人権宣言」

獨協大学は、「大学は学問を通じての人間形成の場である」という建学の理念を実現するために、誰もが平等な教育研究の機会を与えられ、その人権が擁護され、人として成長できる場を創造することを宣言します。

1．獨協大学は、国や地域の法令、建学の理念、学則などの規範を遵守します。

2．獨協大学は、すべての人間は生まれながらにして平等であるとの認識に立ち、人権を擁護し、多様性を尊重します。学生、教職員、その他関係者は、互いの尊厳を守ります。

3．獨協大学は、国籍、性別、宗教、年齢、障がいの有無、性的指向・性自認などによる偏見や差別を許しません。人間の尊厳を損なう行為を決して放置せず、健全な教育研究環境と職場環境の整備を加速させます。

---

34 獨協大学ウェブサイト「獨協大学における障がいのある学生支援に関する基本方針」（https://www.dokkyo.ac.jp/about/compliance/students- disabilities.html）（2022年6月30日最終閲覧）

35 獨協大学ウェブサイト「獨協大学におけるLGBTQ学生の支援に関する基本方針」（https://www.dokkyo.ac.jp/about/compliance/students- LGBTQ.html）（2022年6月30日最終閲覧）

４．獨協大学は、学生、教職員、その他関係者が持つ多様性が創造的な教育研究成果を生み出す体制を整備します。

５．獨協大学は、地域との連携を深めながら、誰もが互いに人格と個性を認め合い、支え合う共生社会の構築に貢献します。

2021年５月に新設された学生支援連絡会は、障がいのある学生とLGBTQの学生の支援の具体化に取り組んだ。獨協大学の学生支援のための制度整備と対応は、公益財団法人大学基準協会が2022年３月に公表した「獨協大学に対する大学評価（認証評価）結果」[36]において「長所」として認められた。その後2022年５月に、学生支援連絡会は障がいのある学生の支援に特化することになり、LGBTQの学生支援は新設された「ダイバーシティ推進連絡会」に引き継がれた。

このような経緯を経て、「持続可能な開発のための2030アジェンダ」で強調されている、人権擁護に関する大学の方針が策定されるとともに、ダイバーシティ＆インクルージョンを担保する制度が整ったのである。

---

36　公益財団法人大学基準協会ウェブサイト（https://www.juaa.or.jp/search/detail.php?id=260&page=2#result1）（2022年４月22日最終閲覧）

## 年表　獨協大学におけるSDGs推進体制整備の歩み

2004年２月：草加商工会議所・獨協大学・草加市「そうか産学行連携事業趣意書」締結
「草加商工会議所、獨協大学及び草加市連携事業に関する覚書」締結

2007年２月：「草加市・獨協大学協働宣言」および「草加市・獨協大学基本協定書」締結

2015年９月：国連サミットで「持続可能な開発のための2030アジェンダ」採択

12月：第21回気候変動枠組条約締約国会議（COP21）で気候変動抑制に関する多国間の国際的な協定であるパリ協定採択

2019年12月：「支援を必要とする学生へのサポート体制整備検討部会」発足

2020年６月：「草加市人権尊重都市宣言」制定（草加市）

８月：「獨協大学人権宣言」公表

12月：埼玉県SDGs官民連携プラットフォームに登録[37]

2021年３月：埼玉県SDGsパートナーに登録
「草加市男女共同参画プラン2021」公表（草加市）

---

37　草加市も埼玉県SDGs官民連携プラットフォームに登録している。

４月：「獨協大学における障がいのある学生支援に関する基本方針」及び「獨協大学におけるLGBTQ学生の支援に関する基本方針」公表
　　　埼玉県東南部地域５市１町「ゼロカーボンシティ」共同宣言表明（草加市）
５月：学生支援連絡会が発足
８月：SDGs推進連絡会が発足
９月：2021年度第１回SDGs推進連絡会開催（2022年４月までに計５回開催）
　　　「新聞記者と学ぶ現代経済～SDGs未来講座」開講（秋学期科目）
12月：『障がいのある学生支援ハンドブック』（学生版、教職員版）発行
　　　大学ウェブサイトに「障がいのある学生支援」コーナー開設
2022年１月：「新聞記者と学ぶ現代経済～SDGs未来講座」公開授業「私たちはこう働いてきた～メディア企業のキャリア形成～」実施（学生、職員約240人参加）
３月：『獨協大学SDGs報告書2021』発行
４月：大学ウェブサイトに「SDGsに関する取り組み」コーナー開設
　　　「獨協大学SDGs行動指針」公表
　　　「新聞記者と学ぶ現代経済～SDGs未来講座」開講（春学期科目）

8月：「草加マルイ30周年企画『楽しくSDGsを体験！』」にて獨協大学の取り組み紹介

12月：『ジェンダーとセクシュアリティについてのハンドブックVer.1』発行

（出典）各種資料より筆者作成

**②埼玉県SDGsパートナーへの登録**

獨協大学人権宣言及び二つの基本指針の策定と並行して、SDGsを推進するための制度整備が進んだ。その一つとして、2021年３月末に埼玉県内の大学として初めて「埼玉県SDGsパートナー」に登録したことが挙げられる。

この登録制度は、SDGsに自ら取り組むとともに、その実施内容を公表する県内企業・団体などを県が登録するものである[38]。その目的は二つある。一つは、申請様式を活用し、県内企業などが自ら行う活動とSDGsとの関連性を明確にすることで、SDGs達成に向けた具体的な取り組みを促進することである。もう一つは、SDGsの具体的な取り組みにより、企業などの価値向上及び競争力の強化を図るとともに、県が進める「埼玉版SDGs」を共に推進することである。第５期登録終了日の2022年度末時点で、636の企業・団体などが埼玉県SDGsパートナーの登録企業・団体等リストに掲載されていた。

---

38 埼玉県ウェブサイト「埼玉県SDGsパートナー」（https://www.pref.saitama.lg.jp/a0102/sdgs/sdgs_partner.html?msclkid=5c7abb88bd7d11ec9666a2e80fa1e70b）（2022年６月22日最終閲覧）

獨協大学が2021年２月に埼玉県に提出した「SDGs達成に向けた宣言書」（要件１様式第２号）に記載した本学の取り組み方針は次の通りである（埼玉県ウェブサイトで公開）[39]。同方針は、SDGsに関わる教育研究活動を学則と対応させている。

> 本学の学則第１条では、本学の目的を「社会の要求する学術の理論および応用を研究、教授することによって人間を形成し、あわせて獨協学園の伝統である外国語教育を重視して今後の複雑な国内および国際情勢に対処できる実践的な独立の人格を育成する」と規定している。
>
> これは2030年に向けて国内外の諸問題の解決を目指す持続可能な開発目標（SDGs）の主旨に適っており、今後もSDGsの達成を担う人材の輩出に貢献する実践的な独立の人格を育成していく[40]。（下線は筆者による）。

埼玉県SDGsパートナーへの登録に際して、企業や団体は、環境、社会、経済の三つの側面についてSDGs達成に向けた重点的な取り組みを公表することを求められる。獨協大学は、

39　埼玉県ウェブサイト「埼玉県SDGsパートナー 第２期登録者リスト」（https://www.pref.saitama.lg.jp/a0102/sdgs_partner_registered_2nd.html）（2022年６月22日最終閲覧）

40　獨協大学ウェブサイト「獨協大学様式第２号 SDGs達成に向けた宣言書（要件１）」（https://www.pref.saitama.lg.jp/documents/195483/00180.pdf）（2022年６月20日最終閲覧）

環境分野では$CO_2$排出量削減、社会分野ではSDGs人材の輩出、経済分野ではダイバーシティ＆インクルージョンの推進と女性の活躍推進を掲げ、それぞれについて取り組み開始３年後に向けた目標値及び2030年に向けた指標を公表した[41]。

獨協大学は、「SDGs達成に向けた県内企業等の基本的取組事項」（要件２様式第３号）も公表している[42]。これは大学の各部課室がSDGsの17の目標のうちどの目標に関連する業務を担っているのかを、取り組み事例、主なSDGs関連ゴール、自ら率先して取り組む具体的な内容について記入したものである。

## （3）連絡会の設置、行動指針の作成、啓発活動

### ①SDGs推進連絡会の設置

これまで述べてきた通り、獨協大学は2021年４月までに、SDGsを推進するための制度の大枠を整えた。次の課題は、全学的なSDGs推進体制の構築及び学生と教職員の啓発活動である。

2021年８月に、SDGsを全学的に推進するための組織として、「SDGs推進連絡会」を設置することが承認された。その目的は、①SDGsの実現に貢献できる人材を育成するために必要な学内外の情報の集約、②「埼玉県SDGsパートナー」登録時に本学が掲げた目標の達成状況のモニタリング及び埼玉県

41　同上
42　獨協大学ウェブサイト「獨協大学様式３号 SDGs達成に向けた県内企業等の基本的取組事項（要件２）」（https://www.dokkyo.ac.jp/about/2021/05/files/oubo_03.pdf）（2022年６月20日最終閲覧）

への報告、③SDGs関連企画の立案及び学生による企画立案支援、④SDGsに関する情報の発信・大学ウェブサイトへの掲載の四つである。筆者は同連絡会のアドバイザーを務めている。

**②「獨協大学SDGs行動指針」の策定**

SDGsへの取り組みを全学的な動きにする目的で「獨協大学SDGs行動指針[43]」が、2022年４月に公表された。その前文は、学則、獨協大学人権宣言、埼玉県SDGパートナー登録時の「SDGs達成に向けた宣言書」の記述を踏襲している。地球規模の課題と地域の課題の双方に取り組むことを目指すとともに、多くの主体とパートナーシップを形成して解決に尽力することが記されている。そして最終的な目的として「社会の発展に寄与するSDGsの達成を担う人材を育成」することが示されている。

行動指針の「１.」は、啓発活動に関わる記述である。「２.」では、「獨協大学人権宣言」と「誰一人取り残さない」というSDGsの理念が結びつけられている。加えて、LGBTQの学生支援や障がいのある学生支援、すなわちダイバーシティ＆インクルージョンの要素が含まれている。「３.」では、SDGsの目標のうち、大学として重点的に取り組む分野が示されている。「４.」では、地域の課題解決を、パートナーシップを形成して具体的に推進することが述べられている。

43　獨協大学ウェブサイト（https://www.dokkyo.ac.jp/about/compliance/sdgs_n/sdgs.html#guidelines）（2022年５月26日最終閲覧）

## 「獨協大学SDGs行動指針」

獨協大学は、学則第１条「社会の要求する学術の理論および応用を研究、教授することによって人間を形成し、あわせて獨協学園の伝統である外国語教育を重視して今後の複雑な国内および国際情勢に対処できる実践的な独立の人格を育成する」との理念の下、社会の発展に寄与するSDGsの達成を担う人材を育成します。

１．本学構成員のSDGs達成に向けた意識の向上と認識の共有
獨協大学は、学内構成員ひとりひとりがSDGsに関する認識を共有し、持続可能な社会の発展について主体的に考える環境を提供してSDGs啓発活動に取り組みます。

２．持続可能で多様性と包摂性のある社会の実現
獨協大学は、「獨協大学人権宣言」に基づき、「誰一人取り残さない」社会実現の一翼を担うべく、人権が擁護され、誰もが平等な教育研究の機会を与えられ、人として成長できる場を創造します。また、多様な人材が輝きをもって活躍できるよう「ダイバーシティ（多様性）＆インクルージョン（包摂性）の推進」に取り組みます。

３．地球規模の課題への取り組み

獨協大学は、温室効果ガス削減、貧困と飢餓の撲滅、質の高い教育、社会の平和と公正を含むSDGsの達成に、関係機関とパートナーシップを形成して取り組みます。

４．地域の課題への取り組み

獨協大学は、地域社会が抱える課題の解決に向けて、自治体、民間セクター、地域住民、NPO・NGO等と連携して取り組みます。

### ③啓発活動

#### 1）学内におけるSDGsの認知度

SDGsを全学的に浸透させて目標達成に繋げるには、継続的な啓発活動が欠かせない。獨協大学には学生や教職員を対象としたSDGs認知度調査を実施した実績はない。筆者が2022年度の新入生300人ほどに確認したところでは、高校の授業で学習した経験から認知度はほぼ100%であった。

#### 2）『獨協大学SDGs報告書』の発行

獨協大学は2022年３月に、『獨協大学SDGs報告書2021』を初めて発行した[44]。これはSDGsへの取り組みを包括的に紹介し、関係者の行動変容に結び付ける役割を担う媒体である。

---

44 https://www.dokkyo.ac.jp/about/dokkyo%20SDGs%20report2021_150dpi_web.pdf（2022年４月16日最終閲覧）

想定する読者は、教職員、学生、高校生、自治体関係者、近隣住民、メディア関係者などである。

報告書の目次は、次の通りである。学長メッセージと取り組み方針に続き、埼玉県SDGsパートナーの三つのカテゴリーに対応する形で、社会面で人材育成、経済面でダイバーシティ＆インクルージョンの推進、環境面で$CO_2$排出量削減がそれぞれ取り上げられている。

### 3）獨協大学ウェブサイトでの情報発信

2022年４月に獨協大学ウェブサイトに「SDGsに関する取り組み」のページ[45]が、前年に新たに設けられた「獨協大学人権宣言」、「障がいのある学生支援」、「LGBTQの学生支援」のページの近くに加えられた。SDGsへの取り組み事例などが随時更新されている。これによりSDGs関連の情報を集約し学内外へタイムリーに発信するためのチャネルが整った。『獨協大学SDGs報告書』のPDFファイルもこのページからダウンロードできる。

## ③学生提案のSDGs企画の支援

獨協大学には、教員、職員、そして学生がともに課題に取り組む「教育共同体」の伝統がある。こうした背景もあり、SDGs推進連絡会は、学生が発案したSDGs関連企画の実現を支援する機能を持つ。2022年４月までに二つの学生企画を審

45　獨協大学ウェブサイト「SDGsに関する取り組み」（https://www.dokkyo.ac.jp/about/compliance/sdgs_n/sdgs.html）（2022年５月22日最終閲覧）

議した。一つは、ペットボトル削減を目的とした給水器の設置に関わる啓発活動である。これはSDGsの目標６「安全な水とトイレを世界中に」、目標12「つくる責任　つかう責任」、目標14「海の豊かさを守ろう」に貢献する。筆者のゼミの学生がポスターとリーフレットを作成した。この活動により、ペットボトルの削減に加えて、SDGsについて考え実践する教育効果が期待される。

もう一つは、生理の貧困への対応である。これは学内の女性トイレに生理用品を無料で入手できる機器を備え付ける企画である。SDGsの目標１「貧困をなくそう」と目標５「ジェンダー平等を実現しよう」に寄与する。国際教養学部の女子学生３名が企画書を携えて、筆者が部長を務めていた学生部を訪れたのをきっかけに動き出した企画である。SDGs推進連絡会に企画書を諮ったうえで、女子学生と女性職員が連携しながら導入に向けて活動した。

## （４）「日経SDGs未来講座」の開講

### ①高校での学び・専門教育・キャリア形成の接続

学生が授業でSDGsについて学ぶ機会を提供することを目的に、2021年度秋学期に「新聞記者と学ぶ現代経済～SDGs未来講座～」（以下、日経SDGs未来講座）をすべての学部の学生が履修できる全学総合科目として開講した（2022年度に春学期開講科目へ移行）。筆者は同講座のコーディネーターを務めている。

日経SDGs未来講座は、**図表Ⅴ-2**に整理したように、高校、大学、社会での学びをSDGsを活用して繋げる役割を担って

図表V-2　高校・大学・社会での学びを繋げる日経SDGs未来講座

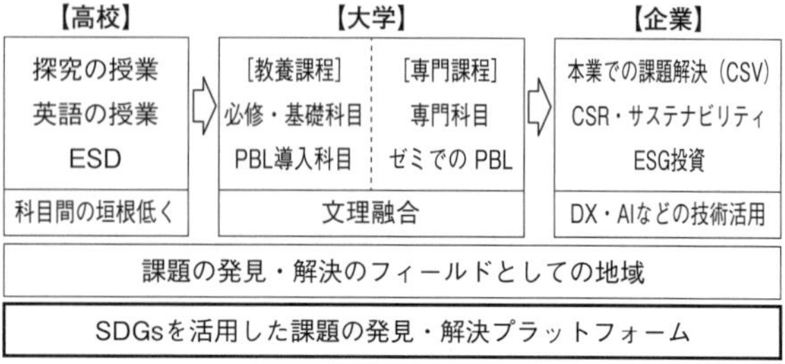


（出典）筆者作成

いる。第一は、高校と大学の学びの接続である。高校では学習指導要領改訂の影響もあり、総合的な時間（探究）や英語の授業などでSDGsを学ぶ機会が急増している。SDGsを授業で学び実践活動を経験した高校生が大学入学後に社会的課題に挑戦する機会を提供することも、大学の人材育成機能に含まれるべきである。

第二は、SDGsに関する基本知識を、ゼミ活動やPBLで活用することである。SDGsの17の目標と169のターゲットは解決が急がれる社会的課題であり、リアルな課題の解決を志向するPBLとの親和性は高い。

第三は、授業内容をキャリア形成に役立てることである。大企業を中心に、本業で社会的課題を解決する共通価値創造（Creating Shared Value: CSV）の考えが広まっている。企業のウェブサイトで、SDGsへの取り組みや社会貢献を紹介することも一般化している。筆者は、就職活動において、自分が解決したい社会的課題に取り組む企業を志望するゼミ生が増えていることを実感している。

## 2 草加市の取り組み

草加市は、人権尊重、男女共同参画などの政策対応を進めており、SDGsのいくつかの分野で獨協大学と草加市が連携して取り組む下地は整いつつある。

### （1）人権尊重

草加市は、2020年6月に「草加市人権尊重都市宣言」を制定した。獨協大学が「獨協大学人権宣言」を公表した2カ月前のことである。宣言のなかで特に注目されるのが、最後のセンテンス「私たちは、多様性を認め合い、一人一人の個性や生き方が尊重される人権共生社会の実現をめざします」である。獨協大学人権宣言の最後には「獨協大学は、地域との連携を深めながら、誰もが互いに人格と個性を認め合い、支え合う共生社会の構築に貢献します」と記されている。草加市と獨協大学はともに共生社会の構築を目的として掲げている。

「草加市人権尊重都市宣言」

人は生まれながらにして自由で平等な存在として尊重され、誰もが幸せに生きるために、人類普遍の原理である基本的人権を持っています。

この基本的人権は日本国憲法で保障され、多様な人権を擁護するため「世界人権宣言」の採択をはじめとした、不断の取り組みが続けられてきました。
しかし、今もなお、障がい者や外国人への差別、部落差別などをはじめ、様々な人権問題が存在し、多くの人々が悩み、苦しんでいます。
私たち草加市民は、差別の実態の解消に努め、人権尊重思想の普及啓発と教育の推進を誓い、ここに草加市を「人権尊重都市」とすることを宣言します。

1．私たちは、人がつくりあげた差別は、人の理性と良心によって必ずや解消できることを確信し、差別や偏見などによる人権侵害のない社会の実現をめざします。
1．私たちは、多様性を認め合い、一人一人の個性や生き方が尊重される人権共生社会の実現をめざします。

令和２年６月18日制定

もともと草加市は平成18（2006）年３月に「草加市人権施策推進基本方針」を公表していた。その中で、性による差別と障がい者の人権が取り上げられている。近年では、「草加市人権施策推進基本方針実施計画（平成30〜34年度）」の取り組みが行われてきた。同計画には、三つの共生社会の概念が登場する。「人権共生社会」を基盤として、そのうえに「多文化共生社会」と「地域共生社会」が構築される構造である。草加市の東京2020大会への施策の中で、多文化共生社会と地域共生社会を繋げたのがコロンビア水泳チームと位置づけられよう。国際性と「支え合い、つながり続けることを大切にする地域づくり」の具体的な取り組みでもある。

「草加市男女共同参画プラン2021」では、人権意識の高揚と多様性の理解・啓発を取り上げている。つまり、「国籍や性別にかかわらず、一人ひとりの人権が保障されるよう、外国籍市民の中でも女性は特に経済面や健康面等、複合的に困難な状況におかれがちであることを考慮しながら、個々の状況に応じてきめ細かに支援する」こと、そして「市民相互に文化的な違いを認め合い、地域で孤立することなく安心して生活できる多文化共生社会をつくるため、外国籍市民との日常的な交流の場を提供」することである（「草加市男女共同参画プラン2021」p. 27）。そして、多文化共生社会とは、「国籍や民族等の異なる人々が、互いの文化的違いを認め合い、対等な関係を築こうとしながら、地域社会の構成員として共に生きていくこと」（同、p. 116）であると述べられている。

さらに、「草加市男女共同参画プラン2021」では、すべての市民が、住み慣れた地域でいきいきと安心して暮らすことができる「地域共生社会」の実現を目指すことが記されている。「草加市地域福祉リンクプラン」と連動しながら地域力の強化や公的支援の充実を図るための具体的取り組みとして「支え合い、つながり続けることを大切にする地域づくり」が2021年のプランに追加された（同、p. 58）。

### （２）LGBT対応

草加市人権施策推進基本方針及び草加市人権尊重都市宣言

はLGBT対応の礎にもなっている。先述の通り、獨協大学は2021年４月に「獨協大学におけるLGBTQ学生の支援に関する基本方針」を公表した。

草加市は2004年に「草加市くらしを支え合う男女共同参画社会づくり条例」を施行し、その基本方針１に「すべての人が性別にかかわりなくくらしを支えあう豊かで活力ある社会をつくること」を掲げた。そして、2016年に「草加市男女共同参画プラン2016」を制定したのに続き、2021年に2021年度から５年間の施策をまとめた「草加市男女共同参画プラン2021」を公表した。その基本理念は、「すべての人が互いの人権を尊重し、ともに輝き、安心してくらせるまちをめざして」である。

そして、「草加市男女共同参画プラン2021」(p. 27) に、次の文章が記載されている。

> 子どもから大人まで性別にかかわらず市民一人一人が、互いの個性を認め合いながら、能力を十分に発揮でき、自立して充実した生活を送ることができる「人権共生社会」の形成を目指して、「草加市人権施策推進基本方針」及び「草加市人権尊重都市宣言」に基づき、市民や事業者への啓発や相談対応、必要な支援の提供を図ります。LGBT（性的少数者）等、性的指向や性自認により社会的困難を抱える人が、人権侵害を受けることなく自分らしくくらせる社会とするため、地域や学校、企業等における理解促進や啓発活動を進め、地域全体で多様性を尊重し

ていきます。

性的指向と性自認については2019年９月４日に、草加市ウェブサイトに「性的指向及び性自認を理由とする偏見や差別をなくしましょう」と題するメッセージが掲載された。そして、2021年12月20日より「草加市パートナーシップ宣誓制度」が開始された。総合政策部人権共生課が令和３（2021）年10月に公表した資料によると[46]、草加市は「草加市パートナーシップ宣誓制度」（仮称）の検討を、令和元年草加市議会９月定例会において、「草加市におけるパートナーシップの公的認証および性的少数者に関する諸問題への取り組みに関する請願」が採択されたことを受けて開始していた。「草加市男女共同参画アンケート」によると、性的少数者（LGBT）の認知度について、「知っていた」と回答した人が約６割で半数を超える。一方で「知らなかった」あるいは「聞いたことはあるが内容は知らなかった」と回答した人が３割を超えていた。性的少数者への支援の取り組みとして、「同性パートナーについて配偶者に準じた取り扱いの配慮」の必要性を感じている人は約５割であった。

## （3）障がい者対応

草加市の障がい者対応について、「第三次草加市障がい者計画」（平成30年度～平成35年度）において、「第四次草加市

46 草加市総合政策部人権共生課「『（仮称）草加市パートナーシップ宣誓制度』の考え方」https://www.city.soka.saitama.jp/cont/s1402/010/020/010/kangaekata.pdf（2022年８月20日最終閲覧）

総合振興計画基本構想におけるまちづくりの方向性や、前計画における基本理念・基本目標を踏まえ、本市が市民とともに障がい者施策を推進していく上で前提とする基本理念（考え方）を『ノーマライゼーション』とし、目指していく基本目標を『ともに力をあわせて　自分たちのまちをつくる』」としている。それを踏まえ、「障がいのある人もない人も、全ての市民が地域で安心して生活できるまちを目指し、行政、市民及び関係機関等が一体となって各施策を推進します」という方針が明らかにされている。

草加市がコロンビア水泳チームのホストタウンになったことも障がい者支援と無縁ではなく、社会的包摂の文脈から理解できる。草加市が2019年４月にホストタウンの第13次登録を認められた際に内閣官房東京オリンピック・パラリンピック推進本部事務局ウェブサイトに掲載した文章より、ホストタウンに名乗りを上げた目的を窺うことができる。つまり目的を「事前キャンプを通し、スポーツ振興はもとより、人的・文化的等の相互の国際交流を深めるとともに、障がいの有無に関わらず、個性を尊重し合いながら共生できるまちづくりの実現を目指していく[47]」と記している。筆者は「共生できるまちづくりの実現」をキーワードとして認識している。

---

47　内閣官房東京オリンピック・パラリンピック推進本部事務局ウェブサイト「ホストタウンの第13次登録について」（https://www.kantei.go.jp/jp/singi/tokyo2020_suishin_honbu/hosttown_suisin/pdf/dai13_gaiyou.pdf）（2022年８月20日最終閲覧）

## 3　草加市の東京2020大会対応とSDGs

### （1）東京2020大会と第四次草加市総合振興計画

草加市のスポーツ振興策の概要は、第３章で述べた通りである。それは国のスポーツ基本法を出発点とする縦のルートと、第四次草加市総合振興計画を出発点とする横のルートで整理できた。両者が重なり合うのが草加市第二期基本計画であり、さらにそれが実効性のある施策に落とし込まれたのが「草加市スポーツ基本方針」である。こうした枠組みのなかに東京2020大会の施策が取り込まれるとともに、SDGs要素が反映されるようになった。

**図表Ⅴ-3**を用いて、東京2020大会に関わる草加市の施策と第四次草加市総合振興計画の関係を整理する。同計画では、大目標である「快適都市」を達成するために、中目標、小目標、施策が配置されている。筆者は、31番目の施策である「スポーツの推進」と他の多くの施策が連動性を強めたところに東京2020大会に取り組んだ意義があると考える。

第四次草加市総合振興計画の中目標の４番目の「地域の共生～ともに力を合わせて自分たちのまちをつくる」の小目標の一つに「草加らしい豊かな暮らし」があり、さらにそこに含まれる施策31が「スポーツの推進」である。スポーツの推進と関係があることが同計画の中でもともと提示されていた施策の括弧内に「●」を記入した。これに該当するのは「総合的な高年者施策の推進」、「市民自治の推進」、「心と体の健康づくり」の三つである。

東京2020大会は、国際性、多様性などを兼ね備えた大規模

## 図表Ⅴ-3 「第四次草加市総合振興計画」の施策体系図

| 大目標 | 中目標 | 小目標 | 施策 | | オリパラとの関係性 |
|---|---|---|---|---|---|
| 快適都市～地域の豊かさの創出～ | (1) 快適な環境～環境にやさしい水とみどりのまちをつくる | 1) 水とみどりのまちづくり | 1 | 水環境の保全 | |
| | | | 2 | みどりの保全と創出 | |
| | | 2) 環境との共生 | 3 | 環境を守り育てる | |
| | (2) 安全と安心～人にやさしい安心して住み続けられるまちをつくる | 1) 良好なまちづくり | 4 | 良好なまちづくりの推進 | ○ |
| | | 2) 安全で円滑な交通 | 5 | 交通利用環境の改善促進 | |
| | | | 6 | 安全で快適な道路の整備 | |
| | | 3) 安全性の高いまちづくり | 7 | 総合的な治水対策の推進 | |
| | | | 8 | 交通安全対策の推進 | |
| | | | 9 | 危機管理体制の強化 | ○ |
| | | | 10 | 防犯対策の推進 | ○ |
| | | | 11 | 安全で安定した水の供給 | |
| | | | 12 | 安定した汚水処理の推進 | |
| | (3) 活気の創出～にぎわいのあるまちをつくる | 1) にぎわいの創出とものづくりの発信 | 13 | 地域とともに栄える産業の振興 | |
| | | | 14 | おもてなしの心が息づく観光の振興 | ○ |
| | | 2) 心地よい風景づくり | 15 | 心地よいまちづくりの推進 | ○ |
| | (4) 地域の共生～ともに力を合わせて自分たちのまちをつくる | 1) 活力と生きがいのある高齢社会 | 16 | 総合的な高年者施策の推進（●） | ○ |
| | | 2) みんなで取り組む子育て | 17 | 児童福祉の推進 | ○ |
| | | | 18 | 目指す「草加っ子」（15歳の姿）を育む幼保小中を一貫した教育の推進 | ○ |
| | | | 19 | 学校・家庭・地域の連携・協働の推進 | ○ |
| | | | 20 | 教育環境の整備・充実 | |
| | | | 21 | 子ども・青少年育成の充実 | ○ |

| | | | | | |
|---|---|---|---|---|---|
| | | 3) ともに暮らす地域づくり | 22 | 市民自治の推進（●） | ○ |
| | | | 23 | 地域福祉の推進 | ○ |
| | | | 24 | 就労支援・勤労者福祉の推進 | |
| | | | 25 | 障がい者福祉の推進 | ○ |
| | | | 26 | 生活保護世帯・生活困窮者の自立支援 | |
| | | | 27 | 国際交流・地域間交流の推進 | ○ |
| | | | 28 | 人権の尊重 | ○ |
| | | 4) 草加らしい豊かな暮らし | 29 | 学びの成果が発揮される生涯学習の推進 | |
| | | | 30 | 草加らしい文化の創造 | ○ |
| | | | 31 | スポーツの推進 | ○ |
| | | | 32 | 消費者の自立と支援 | |
| | | | 33 | 心と体の健康づくり（●） | ○ |
| | | | 34 | 医療環境の充実 | |
| | (5) 地域経営を進める市役所 | 1) 市民とともに考え行動する職員 | 35 | 市民とともに考え行動する職員の育成 | ○ |
| | | 2)「地域の豊かさ」を創出するための組織 | 36 | 市民参画制度の推進 | ○ |
| | | | 37 | 市民ニーズへの的確な対応 | |
| | | | 38 | 市役所の情報化の推進 | |
| | | 3) 情報公開から情報共有へ | 39 | 市政の透明性・公平性の充実 | |
| | | 4) 経営手法の導入 | 40 | 計画的で効果的な行政の推進 | |
| | | | 41 | 質の高い広域連携の推進 | ○ |

（注）（●）は、施策31スポーツの推進の関連施策として位置づけられている施策。
（出典）草加市（2020）『第四次草加市総合振興計画』p. 40の表に加筆

イベントであった。東京2020大会にかかわる草加市の施策が「○」を記入した21個の施策と関連することを確認できたと筆者は考える。

例えば、東京2020大会を契機に、草加市はスポーツ振興と人と人との繋がりを紡ぐことを進めることができた。コロンビア水泳チームの来草は「国際交流・地域間交流の推進（施策27)」に該当する。選手団を草加せんべいの手焼き体験や草加松原に案内し、そして対外的に発信したことは、「おもてなしの心が息づく観光の振興（施策14)」と連動する。聖火リレールートの誘致にあたり、奥の細道サミットと連携したことや、埼玉県東南部地域５市１町で歩調を合わせたことは「質の高い広域連携の推進（施策41)」に該当する。パラリンピックのホストタウンとなったことは「障がい者福祉の推進（施策25)」とも関連する。

草加市にとって、人と人の繋がりを維持拡大することは市政運営の大きな課題である。財政面で厳しい制約がある中で、まちづくりや減災・防災活動に市民の一層の参加が求められる。東京2020大会を一つの契機として、「市民自治の推進（施策22)」や「市民参画制度の推進（施策36)」が意識されたのではないか。そして市民自治の推進と市民参画制度の推進が、災害発生などの住民の共助を伴う「危機管理体制の強化（施策９)」、そして「地域福祉の推進（施策23)」に繋がる。

東京2020大会に関わる気運醸成や大会中の盛り上がりを政策に結び付ける仕組みが必要になる。その一つが草加松原に代表される「草加らしい文化の創造（施策30)」であり、SNSを含む広報活動であった。

## （2）市政とSDGsの関連

全国の地方自治体がSDGsへの取り組みを加速させている。内閣府によると、「持続可能なまちづくりや地域活性化に向けた取組の推進に当たり、SDGsの理念を取り込むことで、政策の全体最適化、地域課題解決の加速化という相乗効果が期待できるため、SDGsを原動力とした地方創生（地方創生SDGs）を推進している」という[48]。そして、内閣府では、地方創生SDGsの推進にあたり、①「SDGs未来都市」、「自治体SDGsモデル事業」の選定、②「地方創生SDGs官民連携プラットフォーム」の運営、③「地方創生SDGs金融」の推進などに取り組んでいる。

SDGs未来都市の選定初年度である2018年度には29都市、2019年度には31都市、2020年度には33都市、2021年度には31都市、2022年度には30都市がそれぞれ選定された。埼玉県のSDGs未来都市は、さいたま市、春日部市、埼玉県、戸田市、入間市の五つである。

内閣府「令和４年度SDGsに関する全国アンケート調査結果」によると、全自治体1,788のうちアンケートに回答した1,464の自治体の中で、「推進している」と回答したのは1,033自治体、70.6%であった。「今後推進していく予定である」が173自治体で11.8%、「今後推進を検討していく予定である」が221自治体で15.1%であった。「推進しておらず今後当面推進していく予定もない」と回答したのは、僅か37自治体、全体の2.5%であった。加えて、これからは企業、NPO/NGO、教育機関、町会・自治会、市民などが参加するSDGs推進のためのプラットフォームを市が主導して作ることが欠かせない。埼玉県が構築した埼玉県SDGsパートナーと同様の制度

48　内閣府「地方創生SDGs・『環境未来都市』構想・広域連携SDGsモデル事業」（https://www.chisou.go.jp/tiiki/kankyo/index.html）（2022年８月20日最終閲覧）

の草加市版である。

**図表Ⅴ-4**は、東京2020大会と「第四次草加市総合振興計画」の関係を整理したものである。括弧内の数字は、同計画の施策の番号を示している。これまで述べてきた人権の尊重、多様性と包摂性を振興計画の礎となる概念として据え、その周りに東京2020大会、第四次草加市総合振興計画の31番目の施策であるスポーツ推進、そして共生社会（人と人の繋がり）を配置した。人権尊重とダイバーシティ＆インクルージョンは、東京2020大会のキーワードであるのみならず、草加市と獨協大学がともに2020年に宣言を発出した基本理念である。

そして2021年に開催された東京2020大会のレガシーを未来に引き継ぐ担い手として、子どもたち、ボランティア、学生、そして市役所職員が位置づけられる。子どもたちとコロンビア水泳チームを結び付ける活動、絵画展や給食などの小中学生向けプログラム、聖火リレーのサポートランナーなどのイベントが数多く実施されたのは、子どもたちに末永くレガシーを継承して欲しいこと、そして将来アスリートが生まれることを期待していた表れであろう。東京2020大会に関わるボランティア活動に従事した人々は、将来的にボランティアとして活動することが期待される人々である。学生は在学中の体験を卒業後に役立てる可能性があり、草加市としても人材育成の対象に含めるべきである。東京2020大会に携わった草加市の職員については、東京2020大会という通常の業務とは異なる体験によって、市政に新しい視点をもたらすことが期待される。レガシーを引き継ぐのは人に他ならない。

図表Ⅴ-4　東京2020大会と第四次草加市総合振興計画の関係

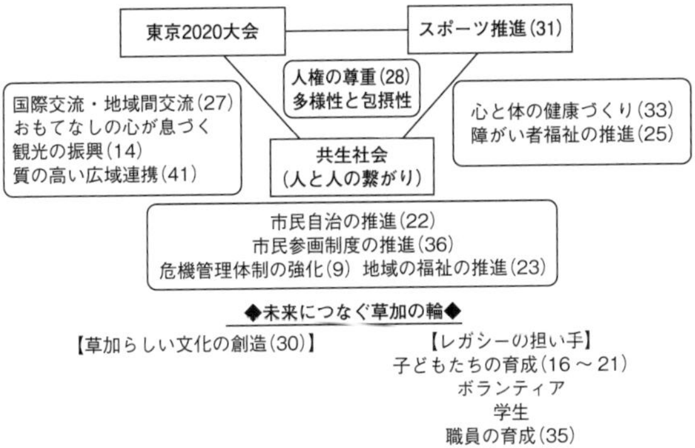


（出典）筆者作成

草加市においてもSDGsを意識した取り組み事例が見られる。2020年４月に策定された「草加市都市農業振興基本計画」に「持続可能な社会を実現するための目標であるSDG s の視点からも、都市農業をいかしたまちづくりを推進する必要性があることから、市内農業の振興を目的とする草加市都市農業振興基本計画を策定」するとの文言が盛り込まれた。同じく４月に公表された「草加市役所エコ計画－第四次地球温暖化対策実行計画（事務事業編）」にSDGsの視点が取り入れられ、「みんなでまちづくり会議」でも2021年の議題として「SDGsの視点から考える2030年に向けた草加のまちづくり」が設定された。

「第２期草加市版総合戦略 2021（令和３年度）－2024（令和６年度)」では、市の施策とSDGsの17の目標とのマッピング（紐付け）が行われており（**図表Ⅴ-5**)、基本目標ごとに

図表Ⅴ-5　SDGs（17の目標）の視点に基づく、第２期草加市版総合戦略の基本目標

| 基本目標 | 基本目標に関連の深いSDGsの目標 |
| --- | --- |
| 草加市における産業の活性化と安定した雇用を創出する | 2、4、5、8、9、10、12、17 |
| 結婚・出産・子育ての希望をかなえる | 1、3、4、5、10、11、17 |
| ひとが集う、安心して暮らすことができる魅力的な地域をつくる | 1、3、4、9、11、17 |

目標1. 貧困をなくそう
目標2. 飢餓をゼロに
目標3. すべての人に健康と福祉を
目標4. 質の高い教育をみんなに
目標5. ジェンダー平等を実現しよう
目標8. 働きがいも経済成長も
目標9. 産業と技術革新の基盤をつくろう
目標10. 人や国の不平等をなくそう
目標11. 住み続けられるまちづくりを
目標12. つくる責任つかう責任
目標17. パートナーシップで目標を達成しよう

（出典）草加市「第２期草加市版総合戦略」p.9より筆者作成

SDGsとの関連性が整理されている（「第２期草加市版総合戦略 p. 9」）。そして、「草加市では、総合戦略の推進にあたり、SDGsの理念を反映させ、各施策の推進がSDGsの目標達成に繋げられるようにしていくこと」が述べられている。

## 4　獨協大学と草加市の連携

### （１）市内屈指の大組織の連携

獨協大学と草加市役所は市内屈指の大組織であり、その連携は政策分野によっては市全体の推進力になると考える。草加市役所の職員数（行政職）は1,198人（2021年４月１日）である。令和４年度予算（一般会計、特別会計、企業会計の合計）は1,667億円に達し、市内の様々な情報を持ち、政策を立案して実行する組織である。市内に多くの施設を持ち、広報機能も備え広報誌はほとんどの世帯に配布される。市民が集まるイベントを多く開催している。産業界や社会福祉協議会などと連携している。

他方、獨協大学は学部学生8,147人（2022年５月１日現在）、専任教員210人、専任職員153人を有する組織である。市内の２大組織と言える草加市役所と獨協大学が密接に協働して地域の課題解決に取り組むならば、市民に歓迎されよう。

**図表Ⅴ-6**は、獨協大学と草加市が直面する課題の大枠を整理したものである。東京2020大会に関連して注目を集めた共通のテーマとして、人権、LGBTQ、男女共同参画、共生社会、ダイバーシティ＆インクルージョン、まちづくりなどがある。これらは東京2020大会後も継続的に取り組むべき課題である。SDGsと地球温暖化対策も同様である。

図表Ⅴ-6　獨協大学と草加市の共通課題とPBL

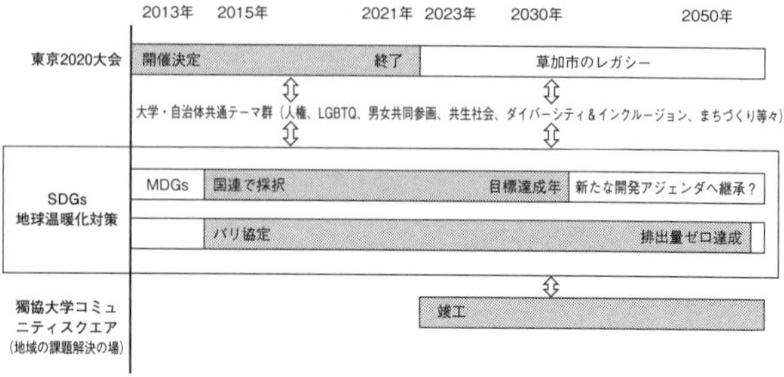


（出典）筆者作成

## （2）施策展開の同時性

前掲の年表「獨協大学におけるSDGs推進体制整備の歩み」に、「草加市人権尊重都市宣言」制定（2020年６月）、「埼玉県東南部地域５市１町『ゼロカーボンシティ』共同宣言」表明（2021年４月）、「草加市男女共同参画プラン2021」（2021年３月）を合わせて記載してある。獨協大学と草加市が同時期に、人権擁護、カーボンニュートラル、男女共同参画などに関する方針を公表したことを確認できる。他にも食品ロス削減、減災・防災、障がい者支援、共生社会の構築、生理の貧困への対応、ウクライナからの避難民や留学生の受入などにも両者はほぼ同時期に取り組んでいる。

この「同時性」は獨協大学と草加市が事前に調整した結果として生じたものではない。SDGsや国の施策に対応して、獨協大学と草加市が別々に対応したところ、偶然、同時期に対外発表したと考えるべきである（**図表Ⅴ-7**）。草加市役所と獨協大学は構成員が市内有数の組織である。両者がある程

図表Ｖ-7　獨協大学と草加市の施策の同時性

（出典）筆者作成

度事前に調整をしたうえで施策を展開するならば、市民への浸透度が増し、地域の課題解決に向けた好循環が生まれるのではないか。

現状でも獨協大学の地域貢献活動は、こども大学そうかの開講、オープンカレッジをはじめ数多く行われている。他方、草加市の「第２期草加市版総合戦略」では、「基本目標と施策の基本目標３ 施策（５）」の⑨の項目である「他自治体、大学、企業等との連携の推進」に次のように書かれている。そして、重点業務評価指標（KPI）に大学連携事業数が含まれている。

> 様々な行政課題に対し、これまで行ってきた近隣市町との連携を基礎に、公共施設等の共同整備、災害時の協力を見据えた遠方自治体との連携等、新たな連携のあり方を模索していきます。また、ますます多様化・高度化する行政ニーズに適切に対応するため、行政にはない専門知識や実務経験を有する大

学や企業等、様々な分野で質の高い連携を広域的にさらに深めていくことによって、複雑多岐にわたる行政課題に適切に対応していきます。

獨協大学、草加市、そして市民に共通する活動の理念は何だろうか。それは人権、多様性、社会的包摂、社会関係資本、共生社会などであろう。上述の通り2020年頃より、獨協大学と草加市は期せずしてそれらの要素を含む宣言や基本指針づくりをほぼ同じタイミングで進めてきた。SDGsと東京2020大会は、そうしたテーマに関心を抱く契機になるとともに、大学と自治体のポストコロナ時代を見据えた協働の基盤にもなる。

社会・地域連携の重要性が認識されたとしても、現実問題として、獨協大学と草加市がSDGs推進活動に費やすことができる経営資源は限られる。市民のSDGs認知度の高低も不明である。

しかしながら、関係者が連携するための礎は存在する。「そうか産学行連携事業趣意書」が2004年に締結されており、趣意書に基づき「草加商工会議所、獨協大学および草加市連携事業に関する覚書」が締結されている。趣意書の中で次のように述べられている。

草加商工会議所を主体とした市内の商業者や工業者等の企業ニーズと獨協大学の持つ知的資源をマッチングすることにより、経営革新や人材育成など地域産業の活性化に資する「そうか産学行連携事業」

> を推進するため、「市内産業の活力は、まちの活力」を基本理念として、草加商工会議所、獨協大学及び草加市は、三者の合意に基づく覚書を締結することといたしました。

その後、2007年に「草加市・獨協大学協働宣言」と「草加市・獨協大学基本協定書」が締結された。

# 第6章

# SDGs関連のPBLの実践

本章では、前章での獨協大学と草加市のSDGsへの取り組みに関する記述を踏まえたうえで、ゼミ生が手掛けたSDGs関連のPBLを紹介する。筆者の担当科目は開発経済学、東南アジア経済論、そして日経SDGs未来講座であり、ゼミ生の海外志向は強い。ところが2020年以降は新型コロナの流行により移動が著しく制限されたことから、活動は草加市内に集中した。これが研究室を基点に半径3.0㎞での地域連携PBLを進めた理由の一つである。地域連携PBLで取り組むテーマは、商品開発、食品ロス削減、地方創生、減災・防災などに広がりを見せた。獨協大学と草加市のSDGsへの取り組みが地域連携PBLも交えて大きく進展することを期待する。

## 1　テーマ選択の変遷

**図表Ⅵ-1**より、筆者が獨協大学経済学部に2009年４月に着任して以降、ゼミ生が取り組んだPBLのテーマを振り返る。2009年度から2021年度までに計50チームがPBLを経験した。全体的な傾向として、筆者の専門分野を反映してアジアを中心とした途上国・新興国に関連したテーマが多い。2016年度まで企業の社会的責任（CSR）を選ぶチームが毎年のように現れた。企業のグローバルな社会的責任（GSR）は、第３章で述べた日経GSR学生アイデア・コンテストに参加したチームが取り組んだデーマである。2017年度以降CSRを選択したチームは現れていないが、これは企業の関心がSDGsに移行したことを反映している。

ここ数年の大きな特色として、国内のテーマに関心が集

## 図表Ⅵ-1　３年次プロジェクト・チームのテーマ（2010年度～2021年度）

○2010年度（１期生）
- 貧困層（BOP）向けビジネス
- 地域開発
- 途上国の教育
- 企業の社会的責任（CSR）
- アジアの人口問題

○2011年度（２期生）
- 貧困層（BOP）向けビジネス
- 企業の社会的責任（CSR）
- 途上国のトイレ問題
- NGO/NPOの途上国支援

○2012年度（３期生）
- 貧困層（BOP）向けビジネス
- 企業のグローバルな社会的責任（GSR）
- サステナビリティ
- 農村開発
- 女性問題/ジェンダー

○2013年度（４期生）
- 貧困層（BOP）向けビジネス
- 企業のグローバルな社会的責任（GSR）
- 社会開発
- まちおこし

○2014年度（５期生）
- 貧困層（BOP）向けビジネス
- 企業のグローバルな社会的責任（GSR）
- 女性問題/ジェンダー
- 社会開発

○2015年度（６期生）
- MOP（中間層）向けビジネス
- 企業のグローバルな社会的責任（GSR）
- ミャンマーの観光人材開発
- 途上国の教育
- 企業の社会的責任（CSR）

○2016年度（７期生）
- インドでの参加型開発
- ビジネス開発（蚊の抑制）
- ラオスのゴミ資源化
- チーム2020（東京五輪）
- 企業の社会的責任（CSR）

○2017年度（８期生）
- 草加市の減災と獨協大生
- LGBTQに関する調査
- 食育（タイの肥満問題）
- 大学生観光まちづくりコンテスト（北陸ステージ）

○2018年度（９期生）
- エシカル消費
- 東京2020大会
- ビジネス創造（地方振興）
- 食品ロス削減

○2019年度（10期生）
- 野菜摂取量増加による健康改善
- 東京2020大会とプラスチック廃棄
- 大学生観光まちづくりコンテスト（北陸ステージ）
- フィリピンの子ども達の歯磨き習慣

○2020年度（11期生）
- 草加せんべいの若者市場開拓
- 外国人向け防災冊子作成
- 大学生観光まちづくりコンテスト（茨城県）

○2021年度（12期生）
- 草加せんべいとSDGs
- 地方創生（福島県白河市）
- 規格外野菜とフードロス削減

（出典）筆者作成

まっていることが指摘できる。課題先進国である日本には、貧困問題、少子化、高齢化、地方創生、減災・防災、外国人観光客の誘致、東京2020大会など学生の関心を引くテーマが多く存在する。学生が国内の課題に興味を持つ背景として、三つのことが考えられる。

第一は、SDGsでは途上国と先進国の双方について17の目標の達成を目指していることから、国内の課題が一層注目されるようになったことである。例えば、数年前まで貧困といえばもっぱら途上国の問題であったが、今では日本国内の貧困も深刻な課題として認識されている。

第二は、社会情勢の変化を受けて、学生が人権、共生社会、多様性、包摂性などを身近な問題と捉えるようになったことである。例えば、ダイバーシティ&インクルージョンへの関心が高まっている。

第三は、2020年初頭からの新型コロナの流行により国境を越えた移動が制限される状況下で、国内の課題に目を向けざるを得なくなったことである。

以下では、ゼミ生が作成したレポートや論文などのアウトプットに基づいて、近年の地域連携PBLを中心にプロジェクト活動を振り返る。その内訳は、商品開発に取り組んだ４チーム、地方創生をテーマに掲げた３チーム、食品ロス削減に注力した３チーム、LGBTQ関係の課題にチャレンジした１チーム、途上国の子どもたちの健康改善に注目した２チーム、地域の減災・防災に着目した２チームの計15チームである。

## 2　商品開発による課題解決

筆者のゼミでは2021年度までに四つのチームが課題解決の方法として商品開発を選択した。その内訳は、埼玉県の伝統産業に着目したチームが三つ、ネパールの女性の商品開発を支援したチームが一つである。商品開発に取り組むには少なくとも四つのハードルを超える必要がある。第一に、予め定められたプロジェクト期間内にデザイン、製造、販売、事後処理などのプロセスを終える必要がある。第二に、商品の製造のためにある程度の資金を用意する必要がある。第三に、商品が売れないと資金を回収できない。学生は商品を作るのに夢中になり、販売しなければならないことを忘れがちである。第四に、経済学部の学生は製造技術を有しておらず、学外協力者を見つけることが必須である。

### （１）埼玉県の伝統産業（細川紙）×虫よけ効果のあるハイテク布で感染症対策

2015年度の「MOPチーム」（６期生６人）は、途上国の中間所得層のマーケティングに興味を持つゼミ生で結成された。メンバーは、人口が多く、所得増加率が高く、個人消費市場が拡大しているインドネシアに興味を持った。加えて、日本の伝統工芸品がシンガポールなどで消費者に受け入れられているとの情報を得ていた。

写真Ⅵ-1　カban（筆者撮影）

こうした背景から、中間所得層向けに感染症対策にもなる商品を、日本の伝統技術を使って開発できないかという問題意識を持つに至った。加えて、伝統工芸品を輸出することができれば、国内の産業衰退にブレーキをかけられるかもしれないとの思いもあった。

MOPチームは2015年４月にプロジェクトを始動し、県内の伝統産業について調べていたところ、同年７月に埼玉県東秩父村の「紙工房たかの」代表で細川紙技術者協会会長の鷹野禎三（故人）氏と巡り会った。細川紙が2014年11月にユネスコ無形文化遺産保護条約「人類の無形文化遺産の代表的な一覧表」に登録された直後のタイミングであった。細川紙は天然素材を使い、一枚一枚手漉きによって作られ、形状を変化させやすく、防臭・防腐効果を持つなど、その付加価値は高い。

メンバーは2015年８月30日から９月４日にかけて調査のた

めにインドネシアを訪れた際に、蚊を媒介としたデング熱などの深刻さを実感した。MOPチームは和紙に虫よけ効果を加える方法を模索し、ハッカ油を取り寄せて塗ったこともあった。虫よけ技術を有する企業に協力を要請したもののことごとく断られた。そうした折り、株式会社インセクトシールドジャパン（本社・米国）が虫よけ効果のある布を有償で提供してくださることになった。同社は、ペルメトリン加工と呼ばれる、キクの根から抽出される成分を用いた特殊加工を施した衣類を販売している。無臭で環境と人体にやさしい成分を使用していることが最大の魅力である。70回洗濯しても、虫よけ効果は衰えないという。

メンバーは、開発する商品を肩にかけて自由に持ち運べるトートバッグに決め、「カban」（**写真Ⅵ-1**）と名付けた。そのデザインを考案する一方で、鷹野氏に細川紙の製作を依頼し、株式会社インセクトシールドジャパンに虫よけ効果のある布を発注した。そして、大阪の縫製業者に細川紙と虫よけ効果のある布を使ったトートバッグの製造を依頼した。このような経過を経て、50個のトートバッグ（全５色）が手元に届いた。

製造費用を回収するために商品を完売する必要があった。オンライン販売（税込み4,860円）を試みたものの、注文のほとんどは顔見知りからであった。MOPチームの活動を『朝日新聞（埼玉版）』（2016年５月17日付）、『東武よみうり新聞』（2016年６月30日付）、ＮＨＫ総合テレビ『ひるまえほっと』（2016年６月30日放送）の「笑顔みつけ隊」のコーナーで取り上げていただいた。草加市を含む関東地方の読者と視聴者にゼミ生の活動を知ってもらえたものの、なかなか販売に結び付かなかった。その後、『日本経済新聞』(2016年７月27日付）の「キャンパス発この一品」のコーナーでカbanが取り上げられると、オンライン販売の注文が急増した。読者が記事に書かれた情報をもとにアクセスしたためと思われる。

MOPチームは、2016年10月１日と２日に東京のお台場センタープロムナード公園で開催された日本最大規模の国際協力イベントであるグローバルフェスタJAPAN2016に出展した。チームのプロジェクト活動を紹介するとともに、カbanを対面販売で完売した。購入者からカbanの印象や価格設定などについて意見を直接聞けたことは収穫であった。さらに、ブースを訪れた他大学の教員にお声がけいただき、後日ゼミでカBanプロジェクトについて発表する機会に恵まれるなど、新たな繋がりが生まれた。MOPチームは、インドネシアでの中間所得層向けの販売を模索したものの、実現に至らなかった。

## （２）巾着・ポーチ製作×ネパールの女性のエンパワーメント

2018年度の「エシカルチーム」（９期生５人）は、ネパールで人身売買の危険に晒されている女性のエンパワーメント（潜在力）向上を目的に、現地のNGOに生産委託した巾着とポーチを日本国内で販売した。その際にメンバーが心がけたのは、開発援助を押し付けるのではなく、女性たちが製造過程で①自ら気づき、②能力を獲得し、③能力を活用するという三つのステップを経てエンパワーメントを向上させることであった。ネパールを選んだのは、ジェンダー格差の大きい国の一つであり、立場の弱い女性が様々な犯罪に巻き込まれ、とりわけ人身売買が深刻なためである。

エシカルチームの調査対象は、ネパールの現地NGO シャクティサムハ（以下、シャクティ）である。この団体は人身売買の被害者（シャクティ内でサバイバーと呼ばれている）のエンパワーメント向上を目的に活動している。1996年の結成から2019年までの24年間にシャクティが支援したサバイバーは計1,027人であった。

エシカルチームはシャクティの物作り活動に多くの課題があると考えた。例えば就業支援として製作している縫製やビーズなどの受注が、国内外を問わず少なかった。2018年８月にシャクティを訪問して、サバイバーにヒアリング調査をした際に、生産意欲が低いことを把握した。メンバーは、彼女たちは明確な目的や意思を持ってシャクティに滞在していると想定していたものの現実は異なり、「とにかくたくさん製品を作れば良い」と質よりも量を重視していたため作業が雑になっていた。

ネパールの他のフェアトレード団体と比較しても、シャクティの生産管理は不十分であった。例えば、製品チェックの工程がなかった。さらにサバイバーはすべての製造工程を自分たちで手掛けたいと発言する一方で、完成度の高い製品に不可欠な縫製工程を外部委託していた。

こうした状況に鑑み、エシカルチームは、①気づきの過程に絵本、②能力獲得の過程にマニュアルとチェックリスト、③能力活用の場として日本での製品販売をそれぞれ対応させることで、サバイバーのエンパワーメントを向上させることを試みた。エシカルチームは帰国後に自らの手で制作した絵本、マニュアル、チェックリストをネパールに送付した。サバイバーが製作する縫製品を日本市場で販売するためには、品質向上が必須である。

エシカルチームは、サバイバーが作った製品を国内で販売する準備を進めた。製品の発注に先立って実施したアンケート調査に基づき、巾着とポーチの製造をシャクティに依頼した。生地は「さをり織り」と呼ばれる大阪発祥の織物を使用することにした。さをり織りを選択した理由は二つある。一つは、兵庫県神戸市の特定非営利活動法人アジア女性自立プロジェクト（AWEP）がシャクティに技術と織り機を移転していたことである。もう一つは、織る際の決まりがほとんどないことから、製作者の好きな色や太さの糸を組み合わせて織ることができ、自分の気持ちや考えをそのまま表現できることである（**写真Ⅵ-2**）。

エシカルチームは、お台場で2019年９月28日と29日に開催されたグローバルフェスタJAPAN2019、同年10月20日に千葉県千葉市の幕張メッセで開催された「エコメッセ2019 in ちば」にそれぞれ出展し、対面で巾着とポーチを販売した。購入者の感想やメッセージなどを収録した動画をネパールに送り、日本の買い手とネパールの作り手を繋げた企画は、サバイバーの創作意欲を高めた。

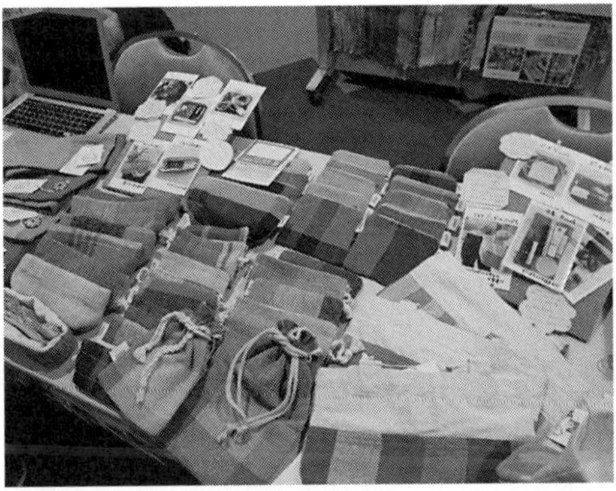

写真Ⅵ-2　ネパールの女性が作った製品（筆者撮影）

## （3）草加せんべい（割れせん）を活用した若者市場開拓

2020年度の「eat草加せんべいチーム」（11期生７名）は、草加せんべいの製造・販売会社である「まるそう一福」の支援を得て、若者市場の開拓に取り組んだ。若者をターゲットにしたのは、購買層が高齢化していることから、草加せんべい業界の存続に若者世代の顧客獲得が必要なためである。

eat草加せんべいチームは、低迷している若者市場の需要を喚起するためのアプローチを模索した。メンバーは草加市内で販売されている様々な草加せんべいを試食し、若者世代の需要が低迷している理由を三つに整理した。第一は、丸いせんべいが食べづらいことである。草加せんべいは伝統的な製法で作られているが故に、手のひらサイズ程度の丸い形が一般的である。一方で、クッキーやチョコレートのようなお菓子は一口サイズであることが多く、食べやすい。

第二は、草加せんべいと他のせんべいの違いが消費者に伝わっていないことである。eat草加せんべいチームはアンケート調査を実施した。草加せんべいを購入したことがない人に理由を尋ねたところ「他のせんべいとの違いがわからないから」が最も多く、購入を躊躇する理由の一つになっていることが判明した。

第三は、パッケージを開けると持ち運びがしづらいことである。せんべいはパッケージを開けると湿気を含んでしまい、食べたときの触感にも影響する。また、外から中身が見えるように、ほとんどのパッケージは透明なプラスチックで作られている。

eat草加せんべいチームは、協力企業を見つけるために、草加市内のせんべい屋の店舗を15カ所ほど手分けして訪問した。そして、「まるそう一福」と出会い、その支援を受けて草加せんべいの新しい販売方法を模索することになった。

メンバーは当初新商品の開発を目指していたものの、草加せんべいの商品開発はし尽くされていると判断した。加えて、商品開発に十分な時間がなかったため、販売方法を工夫することにした。試行錯誤の末に決めた商品名は「草（くさ）せん」であった。「草加せんべい」をより身近に感じてもらいたいという思いが込められている。

製造過程で出る割れせんに注目し、通常の草加せんべいの売り方とは正反対の手法をとった。一般的に製造過程でせんべいの３割程度が割れてしまい、割れたせんべいは袋詰めにして安く販売するか、廃棄しているという。メンバーは、割れせんをさらに一口サイズになるまで割って、食べやすいせんべいに仕上げた。パッケージを縦20cm、横10cmの食品保存用袋にすることで保存性を高め、持ち運びしやすい商品に仕上げた。あえて消費者からパッケージの中身を見えなくし、その代わりにパッケージのネーミングとイラストからせんべいの種類や味を想像してもらう趣向を凝らした。パッケージに書かれた文言は、「海の香ばしさ、持ってきました」、「いちばんカタイ」、「せんべい界のレジェンド」などである（**写真Ⅵ-3**）。７種類の割れせんを商品化し、せんべい２枚分を食品保存用袋に入れて200円（税込み）で販売した。

2020年11月と12月に、まるそう一福の店頭とオンラインサイト、そして地域振興を目的に草加駅近くに作られた屋外販売スペースであるSOSOPARK（ソソパーク）で草せんを販売した。eat草加せんべいチームはインスタグラムを使って、若者を中心に情報発信に努めた。クリスマスが間近に迫った2020年12月20日は、寒風が吹く中で販売した。

発売前は２カ月で100袋（１袋草加せんべい２枚入り）程度の売上を見込んでいたが、最終的に1,200袋を超える販売を達成した。安価で販売されるか廃棄される割れせんを正規品とほぼ同じ価格で販売することができた。「草加せんべいのある生活」と題するリーフレットを購入者に配布することで草加せんべいへの関心を高めるとともに、草加せんべいのあるライフスタイルを提案して継続的な購入を促した。チームの狙いである若者世代への販売拡大もある程度達成でき、初めて草加せんべいを購入する層も開拓できた。

写真Ⅵ-3　草せん（学生撮影）

伝統産業である草加せんべいの売り上げ増を目指したeat草加せんべいチームの活動は、多くのメディアで取り上げられた。「号外ネット草加市」に「売り切れ続出！　早い者勝ち！　獨協大生×丸草一福のコラボ煎餅」と題する記事が掲載されたことも売上増に繋がった。『東武よみうり新聞』（2020年12月15日付）に活動の様子が掲載されたあと、2021年３月３日に『日本経済新聞』の「キャンパス発この一品」のコーナーで紹介された。草加市の広報誌『広報そうか』（2021年８月５日号）にも活動が取り上げられ、市民に学生の活動を知っていただけた。

### （４）SDGs×獨協大生×草加せんべいによるせんべい屋の石けん

2021年度の「SDGs×獨協大生×草加せんべいチーム」（12期生５名）は、コロナ禍で移動が制限されるなか、草加市民にSDGsを身近に感じてもらうことを目的に活動した。伝統産業である草加せんべいを使ってSDGsの認知度を高める方法を模索していたところ、11期生の先輩に続いてまるそう一福の協力を得ることができた。

このチームは、草加せんべいの製造過程ででる純度が高い米ぬかと廃油を活用した「せんべい屋の石けん」の製造に乗り出した。米ぬかと廃油は引き取り業者に提供しているものを活用した。メンバーは当初米ぬか石鹸と廃油キャンドルに着目し、インターネット検索で入手した情報をもとに試作したもののうまく固まらなかった。このため埼玉県で石鹸作りワークショップを開催している方に、チームの活動や目的を説明したうえで、石鹸作りの指導を受けた。まるそう一福より提供された純度の高い米ぬかと廃油を使い、①材料の計量、②材料の調合、③かき混ぜ、④固める、⑥乾燥などの工程を自分たちでこなし、無添加の固形石鹸を製造した。

「せんべい屋の石けん」（**写真Ⅵ-4**）を2021年10月から11月にかけて、割れせんとセットで洗濯用石鹸として使用するこ

**写真Ⅵ-4　せんべい屋の石けん（学生撮影）**

とを明記して販売した。まず、10月9日に草加市内のつなぐ八市にて販売した。『ちいき新聞』(2021年9月10日付)に掲載された記事を読んだ方々が多く来店した。次に、SOSOPARKとまるそう一福の店舗で販売した。最終的に、割れせん200袋とせんべい屋の石けん232個(獨協大学の学園祭で販売した32 個を含む)を完売した。

SDGs×獨協大生×草加せんべいチームは、埼玉県立草加かがやき特別支援学校とオンライン交流授業を行った。同校の高等部はリサイクル班・紙工芸班・木工班・食品加工班に分かれて作業学習を行っている。生徒は作業学習がSDGsに貢献していることに気づいていないという話を担当の先生から伺った。そこで、SDGsに興味を持つことに加えて、生徒に自らの活動がSDGsに貢献していることに気づいてもらうためのSDGsセミナーを考案した。

2021年9月14日に実施したSDGsセミナーのタイトルは「どく太くんとSDGsをまなぼう!　～わたしたちにもできることがある～」であった。どく太くんは、獨協大学のイメージキャラクターである。同セミナーでは、SDGsの概要を説明したうえで、生徒が取り組んでいる紙パックからパルプ紙を取り出してカレンダーや栞をつくる作業や、給食で出る廃油で作る石鹸がSDGsに貢献していることを伝えた。出席者はそれぞれの班からの計数名と生徒会の役員、そして先生方の総勢 20名ほどであった。

SDGsセミナーが終わった後に生徒と先生方にアンケートに回答していただいた。生徒からは、「SDGsの5番目の目標であるジェンダー平等を実現しように興味を持った」、「エコバッグを持ち歩こうと思った」などの回答が寄せられた。先生方からは、「自分たちの普段の活動が外部の方から認められることは生徒にとって喜ばしいこと」、「分かりやすいセミナーでなんとなくでも作業学習の価値に気が付いてくれて嬉しいと思う」といった感想を頂戴した。

SDGs×獨協大生×草加せんべいチームは冊子『草加！これがSDGsか！ SDGs Guidebook 2021』をせんべい屋の石けんの購入者に手渡した。その第１章は「草加煎餅まるそう一福～伝統産業とSDGs～」、第２章は「埼玉県立草加かがやき特別支援学校の取り組みを草加市内のSDGsの先進事例として」、第３章は「私たちにできる―①マイボトルの使用、②規格外野菜を知ること、③服の環境負荷について」であった。

**支援者の声**

**高橋克嘉氏**（まるそう一福マネージャー）

**草加せんべいの衰退が止まりません。産業規模は最盛期の10分の１、後継者の不在、新規参入ゼロ、煎餅作りに必要な機械屋や道具屋の廃業、先は細くなるばかりです。その背景にある伝統産業が故の守りの経営姿勢を自らどう崩していくかがカギと考えていたある日、獨協大学経済学部の学生たちが「SDGsを基点としたコラボをしたい」と持ち掛けてくれたのがきっかけで、２期・２年にわたりお付き合いさせていただきました。**

**しかし２期とも簡単に進む話ではありませんでした。新型コロナ感染拡大に伴う交流の断絶、限られ**

た残り時間、しかもコラボのアイデアは学生達に丸投げです。煎餅屋の浅見を挟まないことで全く新しい可能性を見出したかったからです。実際学生達は大変な努力をしていました。Web会議サービスやコミュニケーションアプリを使ってのまめな打ち合わせ、持ち時間を逆算しての綿密なスケジュール管理、時間・予算・設備的にできない数多くのアイデアが廃案となり、そうして完成した「草せん」「せんべい屋の石けん」はインターネット・紙面・誌面などで数多く取り上げられ、今もSDGs関連を含め多方面から関心を寄せていただく素晴らしい成果を残しました。

実は草加せんべいだけではなく、日本全国の伝統産業が衰退の危機に瀕しています。この草加で学生たちが起こした小さなイノベーションが日本全国の学生による伝統産業活性化の取り組みに発展していくことを期待しています。

## 3 地方創生

### （1）大学生観光まちづくりコンテスト

地方創生に興味を抱くゼミ生は多い。2017年度に「チーム関東女子」（8期生5名）は、大学生観光まちづくりコンテスト運営協議会が主催する「大学生観光まちづくりコンテスト」北陸ステージに出場した。これは石川県、福井県、富山県の北陸3県の観光資源を発掘し、単なる観光ツアーではなくまちづくりに繋がる観光企画を提案する大会である。2017年は、訪日観光客数が急増し、SNSの発達により観光業そのものが構造変化を起こしていた時期にあたる。団体旅行のように決められたコースを分刻みのスケジュールでこなすのではなく、SNSを使って自分だけの旅を組み立てる動きが広がっていた。

チーム関東女子は、石川県羽咋郡志賀町と福井県福井市越前海岸地区を結ぶ観光プランを考案した。関東の大学生と地域の人々との「交流観光」を通じて、地域が抱える人口減少や都市部（金沢市）と非都市部の観光客の偏在を緩和することを目指した。

2017年９月５日に金沢アートホールで開催された本選で、「まちこい～私たちの第二の故郷はあなたの誇れるまち～」と題するプレゼンテーションを披露した（**写真Ⅵ-5**）。カネヨ醤油の見学や古民家こずえでの宿泊など、町の人々との交流を楽しめる内容である。古民家こずえは、地域振興を志す若い人材の育成拠点でもある。チーム関東女子は、北陸経済連合会賞とパフォーマンス賞を獲得した。審査委員からは「地に足の着いたフィールドワークをしている」、「面白いプランで拡張性がある」、「北陸の人々に対する熱意が伝わってきた」と評価された。本選後に懇親会が開催され、審査員や他大学の参加者と交流した。

**写真Ⅵ-5　プレゼン資料の最後のページ（学生作成）**

チーム関東女子が観光プランの対象として選んだ志賀町は、観光DMO（Destination Management/Marketing Organization）への取り組みをはじめ、観光振興に積極的な自治体である。チーム関東女子は2018年３月に、志賀町観光振興課とJTB金沢支店が推進する「旅行商品のブラッシュアップ及び情報発信事業」の一環として実施されたモニターツアーに参加した。志賀町の「世界一長いベンチ」を活用した旅行商品の企画である。志賀町ならではの食の魅力や祭り・伝統芸能といった、地域資源を生かした旅行商品をブラッシュアップし、実効性の高い滞在型プランの構築および情報発信を行うことが事業の目的である。

モニターツアーには、世界一長いベンチでのランチや天然温泉を楽しめるシーサイドヴィラ渤海、痩せるような思いをするほど急峻な「ヤセの断崖」、源義経が奥州へのがれていく途中で舟を隠したと伝えられている「義経の舟隠し」など、志賀町ならではの観光資源が盛り込まれた。モニターツアーの様子は、志賀町観光協会が運営するホームページに掲載された（現在は公開されていない）。埼玉県草加市から遠く離れた地で、産官学共同プロジェクトが実現したのである。

大学生観光まちづくりコンテストには、2019年度に「すごそうか北陸チーム」（10期生５人）が参加した。同年９月６日に福井県国際交流会館において「世界一旅慣れたフランス人を魅了する北陸周遊観光～HOKURIKUを世界ブランドに～」と題するプレゼンテーションを披露してポスターセッション優秀賞を獲得した。

2020年度は、「Dokkyo ∞ Cycく～るチーム」（11期生８人）が「自分の好きを見つける旅　Freedomサイケーション～NO密で濃密なひとときを in 茨城～」と題する提案を「つくば霞ケ浦りんりんロードを活用した『持続可能な観光まちづくり』」分野で提出して佳作を獲得した。加えて、リーフレット「いばらきでチャリ旅 Bicycle trip」を作成し、取材に協力してくださった店舗や施設に観光客用として置いていただいた。

## （2）福井県おおい町まちづくり政策コンテスト

2018年度に「ビジネス創造チーム」（９期生５人）は、福井県おおい町が主催する「おおい町まちづくり政策コンテスト」に出場した（その後「まちづくりアイデアコンテスト」に改称）。このコンテストの特徴は、最優秀賞に選ばれたチームの企画が町役場の施策に取り入れられることである。ビジネス創造チームは、３回のフィールドワークから人と人との繋がりが地域に点在するアイデアを起業に結び付けるために極めて重要な要素だと認識した。そして、人口減少下での人々の繋がりの再構築と起業の関係に着目した提案を作り上げた。ジビエ料理を活用した女性起業家の育成プランで、地域で情報や技術が円滑に伝達され、イノベーションや起業を促進する仕組みの提案である。

ビジネス創造チームは2018年11月10日に総合運動公園内「イベントワークステーション悠久館」で開催された発表会で「未来への架け橋プロジェクト～人とアイデアを繋ぐ仕組み～」と題するプレゼンテーションを披露して特別賞を受賞した。

すべての参加チームは発表に先立って政策提言書とプレゼン資料を提出した。福井県で開催される大会であることから関西の大学が多数参加しており、大会後の懇親会は貴重な交流の場となった。

## （3）白河Re: PGチーム

2021年度は「白河Re: PGチーム」（12期生７名）の企画が、福島県白河市の「まちラボ学生プロジェクト支援事業」に採用された。企画タイトルは「高校生を対象とした福島県白河市の社会減少抑制プランの提案」である。市内の高校１年生を対象に、将来市外に転居した場合でも、白河市に戻ることを選択肢として持ち続けてもらうための活動である。

対象を白河市の高校に通学する１年生にした理由は三つある。第一に、白河市の現在の社会減少抑制のための諸施策から漏れている。第二に、卒業後の進路選択に悩み始める時期にあたる。第三に、適切な情報を提供することにより、市外に転居した場合でも将来白河市に戻る可能性がある集団である。チームは、市内の三つの高校（白河高校、白河旭高校、白河実業高校）に通う１～３年生のうち、計629人に「高校生の進路希望に関するアンケート」を白河市役所の協力を得て実施した。

チームは、将来市外に転居した場合でも白河市に居住することを選択肢の一つとして認識してもらうための仕掛けを四つ用意した。すなわち、SNSでの情報発信、高校生が白河市を再発見するために活用できる冊子の配布、白河市を体験できるVR空間の制作、そして白河市役所への提言活動である。

高校生が白河市の魅力を再認識し、地元への愛着度の向上を図るために作成したのが、冊子『白河、サイコウのすすめ～再考って、最高だ～』である。これは高校生の手元に残る媒体である。様々な切り口で市の魅力を発信することで、多様な視点から高校生の市に対する愛着度を向上させることを狙った。高校生の目を引くレイアウトやコンテンツを意識するとともに、市内３校で実施した「高校生の進路希望に関するアンケート」の結果分析、白河市と関わりながら多様な働き方をする方々へのインタビュー記事、市内の飲食店で利用できるクーポン券、大学生が推奨する進路選択に関する情報などが盛り込まれている。2022年１月に750冊を白河市の高校生に配布した。

2022年２月４日に白河市役所と獨協大学をオンラインで結んで開催した最終報告会で、白河市が発展するための提案を行った。第一は、チームが作成した冊子やインタビュー動画を参考に高校が総合的な学習（探求の時間）で冊子や動画を作成してクラウド上でシェアすることである。第二は、総合的な学習でのVRコンテンツの活用である。第三は、白河市のIT化の促進である。人口の社会減少を抑制するためにも、IT分野での人材育成と雇用創出が喫緊の課題である。市が率先して市内のIT化を進めることによって、白河市全体のIT化がスムーズに進み、人材が定着する可能性を指摘した。

## 4 食品ロス削減

### （1）大学生×スパイスカレーで廃棄される野菜削減

2018年度の「Zero Food Wasteチーム」（９期生４人）は、家庭から発生する食品ロスの削減に取り組んだ。その量は、年齢階層や生活スタイルによってばらつきがある。メンバーは、食品ロス量の多い29歳以下に属する大学生の食品ロス削減に焦点を絞った。

家庭から発生する食品ロスの中で特に改善を要するのは、食べ残し、そして賞味期限・消費期限の到来、腐敗などにより手つかずのまま捨てられてしまう直接廃棄である。メンバーは、食品ロス削減には大学生の意識改革が欠かせないとの認識に立ち、「行動変容ステージモデル」に倣い、無関心期→関心期→準備期→実行期→維持期に対応する五つのステップに沿った仕組みを考案した。

直接廃棄や食べ残しの多い日本の若者は、何をどうして廃棄してしまうのか。その理由を知るために一人暮らしの獨協大生約100人にアンケートを行った結果、鮮度が重視される野菜類、その次に乳製品が廃棄されていることが分かった。また、廃棄が多い理由が、料理に対して「知識がない」、「実践しない」、「定着していない」の三つに分類されることが判明した。「自分の料理の腕に自信はありますか？」という質問に対して「ない」と答えた回答者は60%を占めた。自炊に対する抵抗感も冷蔵庫に眠る食品が廃棄されてしまう原因の一つと考えた。

チームは食品ロス削減の観点からスパイスカレーに注目した。注目した理由は次の四つである。第一は、余った食材を使い切れることである。第二は、料理が上手くなくても簡単に作れることである。第三は、作りすぎても一定期間保存が可能なことである。第四は、リメイクが容易なことである。冷凍したカレーを解凍すると、カレートースト、カレードリア、カレーパスタ、カレーうどん等々に活用できる。

スパイスに注目したのは、その調合によって異なった香りを放ち、使う食材によっても味が変わるため、自分らしさやこだわり、そして楽しさまでをも表現できると考えたからである。スパイスカレーは一見難しい料理のように捉えられがちだが、４種類のスパイスさえあれば誰でも簡単に作れる。食品ロス削減に加えて、友達に振る舞うこともでき、料理も上達する。

Zero Food Wasteチームは、大学生の食品ロスを削減するために、ZINEに分類される娯楽性が高い冊子を制作し、その中に行動継続のインセンティブとして「楽しさ」の要素を組み入れた。冊子のタイトルは、『FOOD ISSUES: The Road to SDGs People』である。次代を担うSDGs人材を育成する入口として、食品ロス削減の経験を活かした。若者の食品ロスを削減するために、野菜廃棄を抑制する手段としてスパイスカレーの活用を提案し、カレーの専門家である水野仁輔氏のインタビュー記事を掲載した。構成を知識編、魅力編、実践・定着編の三つに分けて、読者の行動変容を促す内容とした。

Zero Food Waste チームは2018年12月６日から８日まで、東京ビッグサイトで開催された国内最大級の環境イベントであるエコプロ2018に出展した（**写真Ⅵ-6**）。企業のCSR担当者などのビジネスパーソンをはじめ多くの方々に興味を持っていただいた。３日間の会期中に約650人とブースで対話し、うち約500人にZINEを、約100人に４種類のスパイスをそれぞれ手渡した。そして、112人にアンケートに回答していただいた。

会場で知り合った消費者庁関係者より、同庁のウェブサイトに論文を掲載することを提案され対応した。加えて、独立行政法人国民生活センターが発行する『国民生活』2019年10月号の「消費者教育実践事例集」のコーナーに活動内容を寄稿した。草加市では、2018年の農業祭にて、草加市廃棄物資源課、生鮮スーパーゼンエーとともに食品ロス削減を訴えるブースを出展した。『大學新聞』（2019年３月10日号）にエコプロ参加と冊子作成に関する記事が掲載された。

写真Ⅵ-6　エコプロ2018への出展の様子（筆者撮影）

## （２）ベジノミクスチーム

2019年度に「ベジノミクスチーム」（10期生６名）が学生の野菜摂取不足を緩和して心身の安定に貢献することを目的に結成された。このプロジェクトは獨協大学父母の会「食生活見守り隊」の支援を受けた。食生活見守り隊は、学生が栄養バランスのとれた食事を摂取する習慣を身に付けて、社会人になってからも健康的な生活を維持できるようになることを期待していた。ところがチームが調査したところ、厚生労働省が目安としている１日あたり350グラムの野菜摂取目標を、獨協大生の97％が満たしていないことが判明した。

メンバーは、ある大手食品会社が2019年夏に有料貸出サービスを開始した野菜摂取量推定機器を父母の会の支援を受けて賃借し、学生の野菜摂取量を学生食堂などで計測した。この機器のセンサーに手のひらを数十秒のせると、皮膚のカロテノイド量の測定に基づいた野菜摂取レベルと推定野菜摂取量が表示される。推定値にはおよそ２週間前から４週間前の食事が影響する。野菜摂取量推定機器により、獨協大生に野菜摂取量を短時間で「見せる化」できた。

ベジノミクスチームは獨協大学父母の会の支援を受けて、低価格で効率的に野菜を摂取できる「Dokkyo Vege Style」と名付けた一連のメニューを学生食堂運営会社の協力を得て提供した。併せて、野菜摂取や学生食堂でDokkyo Vege Styleを食べることを促すポスターを学内に多数貼った。さらに、学生食堂のテーブルの上に、野菜摂取を呼びかける卓上ポップを配置した。

学生食堂での最初の測定から40日の間隔を空けて野菜摂取レベルを計測したところ、多くの学生の数値が改善したことが判明した。野菜が不足しているハイリスク層のおよそ半数が野菜摂取量の増加に成功したことは特筆できる。ベジノミクスチームの活動は、『読売新聞（埼玉版）』（2019年11月17日付）に「学生のうちに野菜習慣　独協大ゼミ×父母会　学食で特別メニュー」として取り上げられた。

ベジノミクスチームは獨協大学父母の会の総会でプロジェクト報告を行うとともに、2020年３月にプロジェクトの内容を纏めた『VEGE FULNESS: Vegetables is not just food』と題する冊子を発行した。冊子を活用して野菜摂取を促す啓発活動を展開しようとした矢先に新型コロナに関わる緊急事態宣言が発出され、学生食堂を含め大学は１年間閉鎖された。ベジノミクスチームとしての活動は期せずして終了した。

### （３）規格外（多様性）野菜の活用で見えない食品ロスの削減に取り組む

2021年度は「多様性野菜レスキュー隊」（12期生５名）が規格外野菜の活用による食品ロス削減に奮闘した。メンバーがこの問題に関心を持ったきっかけは、アルバイト先の飲食店で大量の食品（商品）が廃棄されているのを目撃したことである。このチームは、農家、物流業者、スーパー、飲食店、そして消費者に至るサプライチェーンをくまなく実査し、規格外野菜の流通を妨げている要因を把握したうえで、その消費を増やす方法を模索した。

農家を訪れたメンバーは、「規格」から外れた野菜が市場に流通することなく畑に戻されたり可燃ゴミとして処分されているのを目のあたりにした。規格外野菜とは農業協同組合（JA）が定める規格から外れた野菜のことであり、農林水産省が発表する食品ロスのデータに含まれない「見えない食品ロス」である。

食品のサプライチェーンは、生産者、流通業者、スーパー、飲食店、そして消費者が情報を共有することなく分断されている。このため食品ロス削減に向けた取り組みのほとんどがサプライチェーンの構成要素のどれか一つに焦点をあてて実施されてきた。これに対して、多様性野菜レスキュー隊はすべての関係者を繋いだうえで、消費者の規格外野菜への認識を前向きに変えることで需要を増大させ、生産者の出荷意欲（供給力）を高め、物流の効率化に繋げるシナリオを描いた。多様性野菜レスキュー隊は2021年10月の食品ロス削減月間に、株式会社小林グリーンファーム（群馬県伊勢崎市）と埼玉県の農家から調達した規格外野菜を草加市内のレストラン５軒（Diningcafe プティポワ、FUZZY、Cafe Gallery Conversion、蔵カフェ中屋、雲の上はいつも晴れ）に提供してメニューを販売していただいた。併せて、草加市内で規格外野菜を楽しめる店舗を紹介するリーフレット「草加市内の多様性野菜MAP」を配布するとともに、規格外野菜に関する消費者アンケートを実施した。

「多様性野菜」というネーミングは、規格外野菜のイメージをポジティブなものに変える効果を持つ。野菜にも人と同様に、大きさの違い、重さの違い、糖度の違いなどの個性がある。規格外野菜も、栄養素や美味しさなど、野菜本来の「機能」を持っていることに変わりはないことを伝えた。「個性豊かな見た目で味が美味しい多様な野菜」を「多様性野菜」と呼ぶことにした（食品ロス削減活動×マーケティング戦略）。

チームの活動を『多様性野菜〜食品ロス削減を目指して〜』と題する冊子に纏め、2021年12月８日から10日まで開催されたエコプロ2021で約400冊を配布するとともに、規格外野菜の活用について来場者に説明した。

多様性野菜レスキュー隊の活動は多くのメディアで取り上げられ、規格外野菜の消費拡大に微力ながらも貢献することができた。2021年には、『読売新聞（埼玉版)』（10月７日付)、NHKさいたま放送局の『ひるどき！さいたまーず』（2021年10月21日放送)、『日本農業新聞』（2021年10月26日付)、NHK総合テレビの『首都圏ネットワーク』（11月５日放送）と『ひるまえほっと』（11月８日放送）でそれぞれ活動が紹介された。2022年には、テレビ朝日で活動が取り上げられる

（９月24日）とともに『Forbes』日本語ウェブ版にインタビュー記事が掲載（９月23日）された。

2022年に草加商工会議所、そして草加マルイとSDGsを介した繋がりができた。同年１月と２月に草加マルイ２階の展示スペースで開催された草加商工会議所によるSDGs企画の中で、多様性野菜レスキュー隊の活動がパネルとデジタルサイネージで紹介された。続いて、翌３月に草加マルイで開催された「SDGs WEEKS in 草加マルイ」で、多様性野菜レスキュー隊、前述のSDGs×獨協大生×草加せんべいチーム、後述の災害と共生2020チームの活動の様子がパネル展示された。

**現役生の声**

**多様性野菜レスキュー隊（2022年度４年生 12期生）**

自分たちの活動の認知度は最初は小さかったけれど、新聞取材とかテレビ放送されたことで、活動が終わりかけの時期にもかかわらず色んな人に届けられた。その事によって、様々な意見が聞けた。冊子とMAPが自分たちの活動が形として手に取れて、目に見える成果物として完成したことで、活動の頑張りを視覚化できたことが嬉しかった。

今フードロス削減はちょっとしたブームのように感じる。SDGsの目標の中でフードロスは一番身近でわかりやすいテーマだったことも、多様性野菜レスキュー隊の活動がメディアで取り上げられた理由の一つだと感じる。そして、「多様性野菜」というワードのインパクトが大きかった。造語であるし、多様性はSDGs時代のキーワードであり、今が旬の言葉を学生が広めている点が注目された理由であると考える。

メディア出演の利点は、多くの人に規格外野菜の問題を認知してもらえることでした。やはりテレビや新聞などの方がSNSより拡散力があり、放送後にフォロワーが増えたり、メッセージをいただくことが多かった。

マイナス点は、メディアで取り上げられるのは一部にすぎず、自分たちの活動の目的が正確には伝わらないことです。SNSでのネガティブな意見は、自分たちの真の意図が伝わらなかったための批判が多かったと感じる。

## 5 LGBTQチーム

2017年度に「LGBTQチーム」（８期生６人）が立ち上がった。このチームは発足後しばらくの間、途上国の女性差別について調べていたものの、書籍やインターネットの情報では実情を掴めず、自分たちが取り組むべきテーマを見出すことができなかった。課題の設定に悩んでいた時に、日本女子大学が戸籍上の性が男性で女性として生きるトランスジェンダーの学生の入学について検討を開始することを伝える記事（『朝日新聞』［2017年３月20日付］）を見つけた。同記事では、学生や保護者の理解が浸透していないという理由で受け入れに慎重な意見もあると伝えられていた。LGBTQチームは、日本の大学にこうした課題があるということを初めて知った。

2017年は、企業や自治体のLGBTQ対応が本格化した時期にあたる。2015年11月５日に渋谷区が全国に先駆けて「渋谷区パートナーシップ証明」を開始した。2018年10月５日に東京都議会本会議において「東京都オリンピック憲章にうたわれる人権尊重の理念実現のための条例」が成立した。

LGBTQチームは文献調査、そして当事者や先端的な取り組みを行っている企業などへの取材をとおして、国内のLGBTQをとりまく状況を把握した。次に、日本の特色を探るために他国との比較を試み、LGBTQ先進国と称されるタイに着目した。タイは18の性が存在するなど、性に対して寛容な国だとされている。2015年９月にLGBTの人々を守るための法律として「LGBT差別禁止法」が施行された。なぜタイはLGBTQ先進国なのか、日本とタイではLGBTQに対する考え方や感じ方にどのような違いがあるのか。これらの答えを探るために2017年８月９日から10日間におよぶ現地調査を行った。

LGBTQチームは、タイを訪れる前に獨協大生を対象にLGBTQに関するアンケート調査を行っていた。同じ内容のアンケート調査をタイの二つの大学で実施した。ラジャマンガラ工科大学（Rajamangala University of Technology）のBorphitphimukキャンパスで授業にお邪魔した。泰日工業大学では昼休みに中庭で学生にランダムに声をかけてアンケートへの協力を呼びかけた。両大学で計167人の回答を集めた。タイでは二つの大学の他に「トランスジェンダー健康支援センター」やスイスに本部を置く世界最大規模の総合人材サービス企業であるAdecco Groupのバンコク拠点などを訪れた。

帰国後、LGBTQチームは高校生を対象にLGBTQに関する授業の準備と冊子作成に取りかかった。2017年11月７日、獨協大学の併設校である獨協埼玉高等学校で、メンバー６人は三つの会場に分かれて１年生約360人に「LGBTQを知ろう～大学での学びを通して～」と題する授業を行った。まず高校生に興味を持ってもらうために、導入部分で大学生活に触れ、大学はどのようなところで、何を学ぶのか、そしてゼミの仕組みなどについて説明した。大学での学びについて触れたことで、メンバーは関心を持って話を聞いてもらえた。授業の最後に、高校生はアンケートに回答した。

LGBTQチームは2018年２月に、『高校生のためのLGBTQハンドブック～自分らしさは誇らしさ～』を発行した。タイでの現地調査、獨協大生へのアンケート調査、獨協埼玉高等学校での授業、企業や自治体の対応事例などを盛り込んだ。

LGBTQチームの活動は多くのメディアで取り上げられた。『大學新聞』(2018年３月10日付)で「高校生に向けたLGBTQハンドブックを発行 獨協大学」として紹介された。『朝日新聞』(2018年３日23日付)に「LGBTQ知る一歩、独協大生　高校生向け冊子」と題する記事が掲載された。チームのメールアドレスが記載されたことから、ハンドブックの入手依頼が殺到し、全国の希望者におよそ1,000冊を送付した。教育関係者、医療従事者、図書館職員、LGBTQの当事者、当事者の家族、高校生から年配の方まで多様な方々に送付した。送付先リストを作成したところ、日本のどの地域で

LGBTQへの関心が高いのか、どのような活動分野の団体が関心を持っているのか、そして高等学校における関心の高さなどを垣間見ることができた。

さらに、共同通信社の取材を学内で受け、多くの地方新聞にLGBTQチームの活動を紹介する記事が転載された。筆者は教育関係者を対象とした雑誌『教育PRO』に教育現場におけるLBGTQ対応について2018年12月から翌１月にかけて４回寄稿した。さらに、2018年12月20日に、獨協医科大学SD研修会において、筆者とLGBTQチームが「LGBTQの基礎知識と大学の対応～プロジェクト型課題解決学習（PBL）を通じて学んだこと～」と題するセミナーの講師を務めた。このようにして、形として残る媒体（ハンドブック）を作成してLGBTQについて多くの人に知ってほしいという目的を、チームは達成した。

LGBTQチームの活動は獨協大学の施策に影響を及ぼした。2018年度の獨協学園による獨協大学への監査項目の一つにLGBTQの学生への対応が含まれていた。大学の二つの課がLGBTQチームが作成したハンドブックを大学の取り組み実績として監査担当者に手渡した。筆者はその後学生部長（2019年４月～2023年３月）として、「獨協大学人権宣言」（2020年８月公表）や「獨協大学におけるLGBTQ学生の支援に関する基本方針」（2021年４月公表）の作成に携わった。LGBTQチームの調査研究成果は、宣言や基本方針の礎となった。

## 6 途上国の子どもたちの健康改善

開発経済学を学んでいる筆者のゼミでは、海外現地調査を希望する学生が一定の割合で存在する。これまでに13のチーム、計61人が自主的に海外現地調査を行った。基本的に学生がアポイントメントを取得し、交通手段や宿泊施設の手配などを行う。全国的には学生による海外現地調査は日常的な光景であろう。高等学校においても、アジアの途上国で、教員が随行することなくボランティア活動に従事する例が増えているように思える。途上国を対象としたスタディツアーを主催するNGOなども多い。途上国をバックパッカーとして訪れる学生はかなりの数に達する。

海外現地調査を希望する学生は、大学の危機管理セミナーへの出席、旅行保険への加入、保護者の事前同意の取得、緊急対応の手順の確認などに万全を期したうえで出発する。調査テーマは、タイの貧困層向けビジネス、インドネシアの女性の栄養改善、インドネシアの看護師の日本での就業促進、ベトナムでの障がい者雇用、ミャンマーでの観光人材開発、インドにおける3Dプリンターを使った義手の製造、インドネシアの中間所得層の購買力、インドの小学校における手洗い習慣の定着、タイの肥満問題の解決と食育、タイ社会におけるLGBTQと社会的包摂、ラオスのゴミ問題、ネパールの女性のエンパワーメント向上、フィリピンの小学生の歯磨き習慣の定着など多彩である。以下では、それらのなかから二つを紹介する。

## （１）インドの学校でのダンスと歌による石鹸を使った手洗い習慣の定着

2016年度は「参加型開発チーム」（７期生６人）がインドで現地調査を実施した（**写真Ⅵ-7**）。このチームは国際協力NGOとの連携を模索したものの条件の合う団体を見つけることができなかった。最終的に、メンバーの１人が前年にボランティアツアーでインドを訪問した際に知り合った現地コーディネーターと連絡をとり、調査対象となる学校を確保した。

このチームは、途上国の子どもたちの衛生改善の方法として、石鹸を使った手洗いの「知識」と「習慣」の定着に注目した。石鹸を使った手洗いが衛生改善に大きく貢献することは広く認められているものの、正しい知識と習慣が定着していないことを課題として認識した。そして石鹸を使った手洗いの知識と習慣を定着させるための方法を、行動科学のアプローチを取り入れて模索した。ダンス・歌を人々の行動を望ましい方向に変えるための工夫である「ナッジ（Nudge）」の一種として位置づけ、子どもたちに石鹸を使った手洗いの知識と習慣の定着を促すことを試みた。

参加型開発チームは、石鹸を使った手洗いの知識と習慣の定着を目的としたダンス・歌を制作し、インド・ビハール州の学校（Gyan Niketan School: GNS）で2016年８月から９月にかけて現地調査を行った。インドは、政府により学校で給食（midday meal）が提供されつつある一方で、手洗いの定着率が低いという課題を抱えていた。メンバーは、生徒を介して石鹸を使った手洗い行動が家庭や地域に広がれば、地域の衛生状態が大きく改善する可能性があると考えた。ダンス・歌であれば日本の大学生でも、経済的負担なしに実施できる。たとえ1,000人が真似しても追加費用はゼロである。現地で石鹸は一個約10円で入手できることを調べ上げた。

GNSでのアンケートと追跡調査の結果、手洗いの知識と習慣の定着を促したことが、学校の出席率を有意に向上させたことが確認された。だが、長期的な状況の変化を現地で追跡調査することは叶わなかった。

参加型開発チームは、現地（学校側）の課題を二つ指摘した。一つは、ファシリテーターの育成である。プログラムの継続性と拡張性を担保するためには、現地で石鹸を使った手洗い習慣の定着のためのプログラムを運営できる中核人材を育成する必要がある。もう一つは、情報通信技術を活用したダンス・歌の拡散である。インターネットにアップロードした動画の再生回数が増えるほど、人々の衛生状態が改善することが期待される。チームは帰国後に作成した動画を国際協力NGOジョイセフに依頼してザンビアの若者に送り、現地版の動画の作成へと繋げた。

調査研究成果の発表にも積極的に取り組んだ。第44回獨協大学学生懸賞論文で優秀論文賞を獲得した。JICA市ヶ谷ビル２階展示スペースで2017年10月15日から10月28日まで、「ダンスと歌で、石鹸を使った手洗いの知識と習慣を広げる！学生６人がインド・ビハール州の学校で授業に奮闘」と題するパネル展示を行った。インドとザンビアで撮影した写真や映像、アンケート調査表、論文を展示・配布した。続いて、JICA市ヶ谷ビル１階市民のひろば（体験ゾーン内）で2017

年10月27日に、「ダンス・歌がもたらす石鹸を使った手洗いの「知識」と「習慣」の定着―インド・ビハール州のGyan Niketan Schoolの事例から―」と題するセミナーを開催した。

2018年５月13日に東京学芸大学で開催された第19回日本NPO学会・学生セッションにおいて、「手洗いの知識と習慣の定着に対するダンス・歌の効果～インド・ビハール州Gyan Niketan Schoolの実験データを用いた検証～」と題する研究報告を、２名が登壇して行った。2018年９月30日と10月１日に、グローバルフェスタJAPAN2017に出展した。

写真Ⅵ-7　参加型開発チーム：インド・ビハール州にて（学生撮影）

**卒業生の声**

**太田稜眞（参加型開発チーム　７期生 2018年卒）**

仮説と検証のレベルが上がりました。

私は大学３年生の時に、インド最貧困州の幼稚園生から中学生の年代が無料で通う学校で、石けんを使った手洗いをダンスと歌で習慣化させようというプロジェクトを実施しました。

あらゆる文献を読み、NGO団体へのヒアリングをしながら学生６人のチームで議論に議論を重ねたことが、本質的な課題はどこにあるかという思考の深さをクセ付けることになりました。

石けんは現地でも安価で手に入りやすく、家庭でも洗濯時に使用しているのですが、ご飯を食べる前に手を洗うという習慣がありませんでした。石けんを大量に配布して手洗いの重要性を伝えようとしても習慣化に繋がりにくいと考えました。そこでエンターテイメント要素が、理解するよりも行動変容に繋がるのではという仮説が生まれ、ダンスと歌の手法が誕生しました。

検証に関しても、統計学の教授からのサポートもあり現地で有効な検証方法を模索し最終的に論文にまとめることもできました。習慣化を計測するための方法は、生徒の名前が記載された出席・手洗い確認シートを作成し、朝学校に着いたら丸を付け、給食のカレーを食べる前に石けんを使い手洗いをしたら二重丸にするというシンプルな方法です。私たちが日本に帰国した１カ月後に校長先生から出席・手洗い確認シートの写真を送ってもらったところ、私たちの介入以前と比べ出席率の向上にも繋がっていたことがわかりました。

現地の抱えるあらゆる問題や、学生にできることなど、様々な要素から議論を重ね、生まれた仮説が結果として、「固形石けん１個から現地生徒の出席率を引き上げる」ことに繋がりました。

こうした経験を通して身に付けた仮説と検証のレベルの高さは、現在自分が行っている広告事業における広告パフォーマンスを分析する業務の基盤にもなっています。

## （2）フィリピンの子どもたちの口内衛生×教育

2019年度にフィリピン・デンタル・エデュケーションチーム（10期生５人）は、東南アジア諸国における保健衛生に関心を持ち、フィリピンの子どもたちの歯磨き習慣をテーマに選んだ。日比友好親善イベントである「フィリピン エキスポ2019」が2019年６月14日から16日まで上野恩賜公園で開催された折りに、メンバーはフィリピンでの歯磨き事情をヒアリングした。

専門知識が必要な口内衛生に関わるテーマに取り組むため、フィリピンで歯磨き指導に長年取り組んできたハローアルソン・フィリピン医療を支える会の関係者を取材した。この団体は、「簡単で効率よく虫歯予防だけではなく全身の免疫能力を向上する」ために、「ハロアル磨き」という歯ブラシの使い方を導入している。そして、絵本や紙芝居を使って、子どもたちに歯ブラシ指導を行っている。

現地の貧しい子どもたちを対象に活動する際に壁となるの

は「言語」である。フィリピンで広く使われている言語はタガログ語と英語であるが、英語を流暢に話せるのは一定の教養のある人のようで、タガログ語でコミュニケーションをとる必要がある。そのため、ハローアルソンが作成したタガログ語の簡潔でわかりやすい紙芝居は、チームの活動に大きく貢献した。子どもたちに簡潔にわかりやすく伝えるために、メンバーはオリジナルの歯磨きソングや劇を考案した。

フィリピンでの現地調査に先だって、インターナショナルスクールにおいて、子どもたちに授業をする機会を得た。目的は、フィリピンで予定している授業の改善点を見つけることであった。やはり現地調査に先立ち、大手日用品・トイレタリー用品メーカーの東京オフィスにてプロジェクトに関するプレゼンテーションを行い、歯ブラシを無償提供していただけることになった。

現地調査の目的は、口内環境に関係する病気を正しい歯磨き習慣によって一次予防することであった。期間は2019年９月27日～10月11日である（**写真Ⅵ-8**）。フィリピン・デンタル・エデュケーションチームは、協力企業から提供された歯ブラシ500本、子どもたちのために用意したお菓子や文房具、そして授業に使用する紙芝居やテスト用紙などを詰め込んだ段ボール箱とともにマニラに到着した。メンバーの１人の母方の実家がマニラにあり、現地調査に全面的に協力してくださった。

写真Ⅵ-8　フィリピン・デンタル・エデュケーションチーム：マニラの小学校にて（中央に貼ってあるのは歯磨きクイズ）（学生撮影）

子どもたちに歯磨きの重要性を伝えるため、二つの小学校でメンバーが歯医者やバイキンなどの役になりきって劇を行った。伝わりやすくするため、フリップを用意したり、一緒に歯の磨き方を実践したりと、エンターテインメント要素を取り入れるように心がけた。セミナーの前後で行った理解力を測るテストでは、友達同士で答えを教え合わないように呼びかけた。子どもたちは真剣にテストに取り組んだ。

フィリピン・デンタル・エデュケーションチームは2019年12月20日に、JICA地球ひろばで報告会を開いた。タイトルは「目指せ！健康のための正しい歯磨き！～学生５人がフィリピン・マニラで歯磨き教育～」であった。その告知文には「病は口から。皆さんは正しい歯磨きで多くの病から身を守ることができることをご存じですか？　歯磨きは命に直結するのです。ところが、フィリピンでは、幼い頃からの１日３回の歯磨きが定着してきたにもかかわらず、歯磨きの仕方が正しくないために生活習慣病が蔓延しています」と記されていた。メンバーはグローバルフェスタJAPAN2020への出展を予定していたものの、新型コロナの世界的流行の影響で同フェスタは中止された。

**卒業生の声**

**矢部みゆき**（フィリピン・デンタル・エデュケーションチーム　10期生 2021年３月卒）

私たちのチームはフィリピンにおける正しい歯磨き習慣定着による健康改善を目標とするプロジェクトに取り組んだ。実際に２週間、フィリピンに行き現地調査を行った。現地調査で学んだことは二つある。

一つ目は、実際に自分たちの目で見て体験しない限り、本当の問題には気付けないということ。貧困に対し、本やレポートを読みフィリピンの子どもたちは、貧困で生活が苦しいのではないかと考えた。しかし、実際に現地の子どもたちと会うと私たちの想像とは少し違っていた。私たちから見ると、生活が大変そうに見えてしまう子どもたちは、そんなことを感じさせない輝く笑顔とエネルギッシュな性格で、裕福ではないけれども幸せで楽しそうに暮らしていた。さらに、私たちを驚かせたのは、歯ブラシやご飯は買えないけれどスマートフォンは持っているということ。子どもたちのFacebook教えて！の一言に、チームの全員がびっくりした。

二つ目は、子どもたちに正しい歯磨きを教える前と後で、どのくらい意識が変わっているかを測るBefore-After分析を行ったこと。フィリピンの子どもたちは名前被りが多く、文字が読みづらいため、一致させるのにかなりの時間がかかったことが印象に残っている。今後、このような分析をする際は番号などを振ることをおすすめします。

私たちは、一回の渡航でできる最大限の事を行ったが、今振り返ると後輩に引き継ぎ、継続的に教えられたら、正しい歯磨き習慣がもっと定着したのではと考える。

## 7　減災・防災×地域連携

草加市、獨協大学、そして筆者のゼミの地域連携PBLが、地域の減災・防災活動に相乗効果をもたらしたプロジェクトを二つ紹介する。減災と防災は、行政や地域住民の関心が高く、自助、公助、共助が求められる分野である。

### （1）学生を対象とした減災・防災活動

2017年度に「減災かけはしチーム」（8期生8名）は、学生が震災から身を守り、周囲の人々と助け合い、地域の減災に貢献する意識を持つきっかけを提供することを目的に活動した。獨協大生を対象に、地震や水害に備えた減災の重要性を訴え、行動に結び付ける活動を展開した。防災は災害を未然に防いだり災害による被害をゼロにするための備えである。これに対して減災かけはしチームは、災害の被害を完全になくすことは現実的ではないとの視点から、被害を最小限に抑えるために備えることを意味する減災をチーム名に用いた。

減災かけはしチームは発足当初、インドネシアでの減災教育に関心をもっていたものの、調べるうちに想像以上に現地での対応が進んでいることを知り、国内に焦点をあてることにした。チームは、獨協大学の防災担当者にヒアリングをして大学の対応を把握したうえで、草加市危機管理課、草加市社会福祉協議会地域福祉課（災害ボランティア担当）を訪問して学生が問題意識を深め、取り組むべき課題を整理した。さらに都内の防災専門図書館で情報を収集するとともにスタッフより丁寧なアドバイスをいただいた。2017年９月には、東北大学災害科学国際研究所をヒアリング調査のために訪れた。

災害対応は獨協大学にとって切実な課題である。およそ2,000人の地方出身学生が草加市を中心に居住しており、学生の安全確保は重要課題である。学生は災害発生時に、草加市が運営する避難所でお客さんになるのではなく、地域社会への貢献を求められる。

減災かけはしチームは『あなたとつくる減災マニュアル2018』と題する冊子を作成し、2018年１月に約1,000部を獨協大生に配布した。学生が読みやすいように、キャラクターを使って減災・防災に関する知識を提供するとともに、読者が具体的な行動を考える構成である。キャラクターは、だるいが口癖の女子大生「だるメシアン」と防災博士である「オコジョ博士」の二つである。冊子は、震災に備えての準備、大地震発生時に自分の身を守る行動、震災発生後の行動、必ず役立つ情報源で構成されている。共助のためのボランティア活動も取り上げている。

チームは、学内での啓発活動に取り組んだ。2017年10月25日に開催された獨協大学経済学部プレゼンテーション・コンテストにおいて「獨協大生が繋ぐ地域社会～大学×学生×草加で挑む減災プロジェクト～」を発表し、最優秀賞とベストプレゼンテーター賞を獲得した。獨協大学にて2018年12月15日に開催された「2018年度獨協大学・近隣町会自治会懇談会」において、「地域と大学を繋げる獨協大生」と題する報告をした。

メンバーの卒業後の2019年10月30日に、学内で学生を対象に「命を守るためのセミナー」が開催され、草加市社会福祉協議会地域福祉課（災害ボランティア担当）が「草加市の災害ボランティア～共助～」について、草加市危機管理課担当者が「ハザードマップの解説」についてそれぞれレクチャーをした。同年11月26日には、草加市長が出席する「獨協大学・草加市連絡会」において、筆者が「獨協大学と草加市の協働について～防災への取り組みの視点から～」と題するプレゼンテーションをした。減災かけ橋チームの活動が獨協大生のみならず、大学、そして地域へと広がった。

減災かけはしチームの活動は『東武よみうり新聞』（2018年２月６日付）に「大学生が“減災本”刊行　獨協大　学生目線のマニュアル」として取り上げられた。加えて、『ちいき新聞』(2018年3月9日付)では、東日本大震災から7年目のタイミングで「獨協大学の学生が冊子を作成『あなたとつくる減災マニュアル2018』」として紹介された。

### (2) コロナ禍における外国人住民への避難所情報の提供

2020年度に活動した「災害と共生2020チーム」(11期生5名)は、コロナ禍で震災や洪水が発生した場合に、密を避けながら外国人住民を避難所に受け入れるための方策に着目した。2020年度は、新型コロナの影響により、大学の授業は全面的に遠隔会議システムで行われ、筆者とメンバーが対面で会ったのは2回のみであった。

草加市にとって、コロナ禍における外国人住民の避難所への受け入れは喫緊の検討課題であった。先述の通り住民基本台帳より、市内在住の外国人住民が2012年末の4,855人から2022年末に8,900人に増加したことを確認できる。これは草加市の人口の3.5%に相当する。

災害と共生2020チームは、避難所を題材に共生社会の実現をテーマに掲げて活動した。対象を草加市に住む外国人住民に設定し、冊子づくりを通して避難所に関する情報の伝達と読み手の意識改革を目指した。そして、2017年度の減災かけはしチームに続き、草加市危機管理課と連携して外国人住民向けの避難所案内冊子を制作することにした。市内で外国人支援などに取り組んでいるNPO法人Living in Japan、そして市内在住の外国人にオンラインで取材したところ、日本人住民との災害発生時の情報格差が明らかになった。

草加市危機管理課と連携して外国人住民向けに『草加の絆は命を守る　よつはちゃんと避難所を学ぼう』を作成した。「よつはちゃん」はオリジナルキャラクターである。市内在住の外国人を対象にコロナ禍における避難所生活について「やさしい日本語」で解説することにした。外国人向けの情報発信で、どの言語を使うと最も伝わりやすいかを調べたところ、やさしい日本語の存在を知った。市内在住の外国人の国籍を確認したところ、英語圏出身者は圧倒的に少なく、アジア出身者が大半を占めていることが判明した。加えて、やさしい日本語であれば日本人の子どもや高齢者にとっても読みやすい。

冊子の構成はストーリー性を重視した。冊子の読者を避難所に関する知識がまったくない外国人住民に設定した。「知る」「学ぶ」「動く」の３部構成とし、キャラクターと対話しながらストーリーが展開するようにした。冊子を読み進めるに連れて知識を獲得し、具体的な行動に繋がるように工夫した。

メンバーは、災害発生時に必要な情報を「ストック情報」と「フロー情報」に分類した。ストック情報とは、避難所の場所や事前に準備しておくもの、平時から避難訓練に参加することにより得られる情報など、災害発生前に蓄えておく知識のことである。他方フロー情報とは、災害発生後に流れてくる情報を指す。例えば、避難指示が出される地域の場所や開設される避難所の情報などがあてはまる。そして、平時から「ストック情報」を認知していないと「フロー情報」を多言語で提供しても適切な避難行動に繋がらない。そのため、メンバーは冊子に「ストック情報」を蓄積し、スムーズな災害情報伝達に結び付ける必要があると考えた。

冊子のPDF版は草加市ウェブサイトの「災害に備える」のコーナーに掲載されている。市役所内の草加市国際相談コーナーで冊子が配布された。そして、2022年2月26日に草加市が獨協大学で開催した「防災講座（コロナ禍から見えてきた避難所運営のカタチ）」において、チームは三つのパートのうち一つを担当し、「共生社会の実現のために～外国籍市民への支援～」と題するプレゼンテーションを行った[49]。教室で収録された動画などが、同年3月17日から31日まで草加市ウェブサイトで公開され、約500回再生された。

災害と共生2020チームの活動は、『大學新聞』（2021年3月10日付）「外国人住民を対象とする災害時対応冊子の制作・発行」、『東武よみうり新聞』（2021年4月12日付）「外国人向け防災情報　草加・獨協大生　避難所、支援策や『用語』もやさしい日本語で解説」、『東京新聞（埼玉版）』（2021年6月17日付）「共生で災害時も助け合いを　独協大生ら外国人向け情報冊子　自費で500部を作成　行動のあり方解説」、『読売新聞（埼玉版）』（2021年5月16日付）「外国人に避難所情報を　草加　独協大生が災害対策冊子」、NHKさいたま放送局『ひるどき！さいたま～ず』（2021年7月8日放送）「【まちむら便り】草加市　獨協大学　もしものときのために、外国人向けの避難所マニュアル」、J:COMチャンネル埼玉東

49 獨協大学ウェブサイト「『草加市防災講座』を本学で収録」（https://www.dokkyo.ac.jp/information/2022/20220301005208.html）（2022年4月16日最終閲覧）

『LIVE ニュース（草加）』（2022年３月８日放送）、『東武よみうり新聞』（2022年３月15日付）「『防災講座』を動画配信　草加獨協大生、外国人に説明」などで紹介された。災害と共生2020チームは、地域の減災と防災の意識向上に微力ながらも貢献した。

減災と防災は、自治体、大学、地域住民が連携して取り組むことで被害を抑制できる分野である。草加市と獨協大学は「災害時における応急活動の協力に関する協定書」を取り交わしており、草加市危機管理課と獨協大学の防災担当部署は普段から連絡をとりあっている。獨協大学が毎年10月に実施する防災訓練に、草加市危機管理課が避難所設営訓練・展示コーナーなどで協力している。また、草加市の防災倉庫が大学構内に設置されている。

2022年３月に草加マルイで開催された「SDGs WEEKS in 草加マルイ」で災害と共生2020チームの活動がパネル展示され、市民に冊子が配布された。この時点で、2017年度に先述の減災かけはしチームが減災と防災に関わる活動を始めてから、約５年が経過していた。

## 8　市政と地域連携PBLの連動

本書では、地域連携PBLを中心に、東京2020大会、商品開発、地方創生、食品ロス削減、LGBTQ、途上国の子どもたちの健康改善、そして減災・防災に関するPBLを紹介した。いずれもゼミ生が自ら課題を見つけ出し、自らアウトプットの方式と機会を選択したプロジェクトである。これらのうち地域連携PBLは、草加市の政策と軌《き》を一《いつ》にしている。この点を草加市が令和２年度に着手した「第四次草加市総合振興計画・第二期基本計画」と対比させて確認したい。同計画では、①持続可能性の向上、②ブランド力の向上、③コミュニティ力の向上が重点テーマとして挙げられている。そして、それらの重点テーマは、厳しい社会状況の中でも効果的・効率的に将来都市像である「快適都市～地域の豊かさの創出～」を実現する目的で定めたもので、「特に効果が高い取組、先導的な役割を果たす取組で、計画期間内に取り組めるものを優先的に実施する」と「草加市の令和３年度当初予算の概要」の中で解説されている。

**図表Ⅵ-2　第四次草加市総合振興計画の概要**

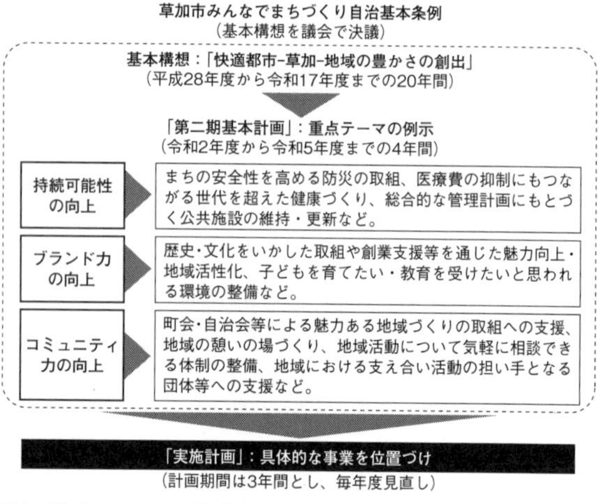


（出典）草加市ホームページ掲載の図を一部修正
（http://www.city.soka.saitama.jp/cont/s1201/PAGE000000000000064232.html）

**①持続可能性の向上**

1）草加市の重点テーマ：

まちの安全性を高める防災の取組、医療費の抑制にもつながる世代を超えた健康づくり、総合的な管理計画にもとづく公共施設の維持・更新など。

2）対応する地域連携PBLの実績：

2017年度の「減災かけはしチーム」と2020年度の「災害と共生2020チーム」の活動

**②ブランド力の向上**

1）草加市の重点テーマ：

歴史・文化をいかした取り組みや創業支援等を通じた魅力向上・地域活性化、子どもを育てたい・教育を受けたいと思われる環境の整備など。

2）対応する地域連携PBLの実績：

伝統産業である草加せんべいに新しい価値を加えた2020年度のeat草加せんべいチームと2021年度のSDGs×獨協大生×草加せんべいチーム。多様性野菜レスキュー隊の活動は、草加市がSDGsの目標12「つくる責任　つかう責任」に注力しているイメージを広げた。草加市の内外への情報発信やメディアでの登場により、大学があるまちとしてのイメージ向上に貢献。

**③コミュニティ力の向上**

1）草加市の重点テーマ：

町会・自治会等による魅力ある地域づくりの取り組みへの

支援、地域の憩いの場づくり、地域活動について気軽に相談できる体制の整備、地域における支え合い活動の担い手となる団体等への支援など。

2）対応する地域連携PBLの実績：

東京2020大会をテーマに取り組んだ三つのプロジェクト、減災・防災関係の二つのプロジェクトが貢献。

## 9 大学の社会（地域）貢献と地域連携PBLの位置づけ

### （1）研究教育機能と地域連携PBL

大学は社会（地域）貢献に積極的に取り組むべきである。例えば、福利氏は大学の教員の責任として、研究と教育に加えて「地域貢献」があることを強く主張している。田中優氏は、地域協働を「地域住民や団体・NPOなどと大学・教職員・学生らが、例えば地域活性化という共通目標に向けて、関係者間の意思疎通やコミュニケーションをしっかりとりながら、お互いの資源を使い交換し、ルールに基づいた課題解決行動を図ることが予定されている」と整理している[50]。なお、獨協大学の地域連携に関する情報は、大学ウェブサイトの「生涯学習・地域連携」のページに整理されている。

**図表Ⅵ-3**は、研究、教育、社会貢献という大学の三つの機能と地域連携PBLの関係を整理したものである。研究成果を教育と社会（地域）貢献に活かす方向と、社会（地域）貢献

50 田中優（2019）（p. iii）

の経験を研究と教育に役立てる方向がある。研究と教育を連動させることにより、社会貢献活動を促すことができる。地域連携PBLは、研究、教育、社会貢献が重なり合う部分、つまり三つを同時に進める機能を持つ。そしてSDGsは大学、地方自治体、企業、住民などが取り組む地域活動を結合する役割を果たす。

図表Ⅵ-3　大学の機能と地域連携PBLの位置づけ

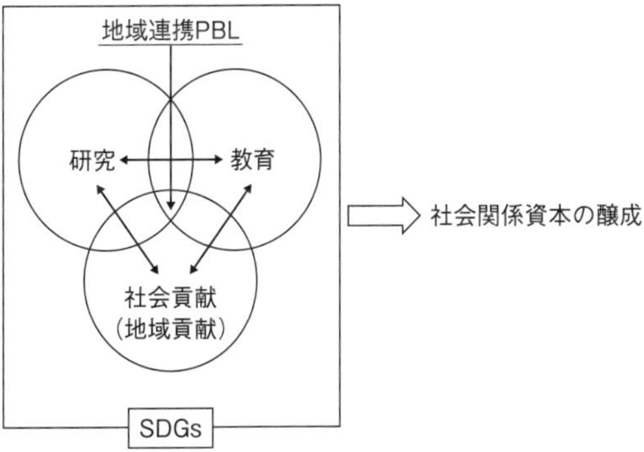


（出典）筆者作成

## （2）地域連携PBLを自治体と推進する利点

上述の地域連携PBLの事例から読み取れるように、学生は教室ではできない貴重な経験を筆者の研究室を基点に半径3.0㎞以内で積んだ。大学にとっても自治体と地域連携PBLを推進するメリットは多い。第一は、人材育成のための機会を確保できることである。地域連携PBLは学外で行われる。地域の課題に日々取り組んでいる自治体、企業、NPOなどと連携することにより、学生が地域のリアルな課題に挑戦する機会を見つけやすくなる。

第二は、地域の情報を入手できることである。自治体は地域の情報を集め、統計を作成し、政策を立案している。草加市のように人口25万人程度の自治体であれば、専門家や地域の事情に詳しい方が存在し、学生が繋がることができる。

第三は、自治体が学生と市民が繋がることができるイベントを多数開催していることである。大学が単独で多くの来場者数を確保できるイベントを開催することは難しい。筆者のゼミ生は草加市が主催する災害ボランティアセンター設置訓練、農業祭、草加スポーツフェスティバル、草加松原太鼓橋ロードレース大会などに参加してきた。東京2020大会関連では、気運醸成事業、選手の応援企画、コロンビア水泳チームへのインタビュー、リストバンドのデザインなどに参加した。

第四は、地域連携PBLの活動成果を市民に発信できることである。自治体は市民向けの広報媒体やメディアとのパイプも持っている。学生の地域貢献は市民に伝わらないと認知してもらえず、次のPBLが受け入れられる土壌作りが進まない。東京2020パラリンピック関係では、草加市ウェブサイトに筆者のゼミ生による市長表敬訪問、スポーツフェスティバル参加の様子、コロンビア水泳チームとの交流事業などを掲載していただいた。

### （3）草加市（自治体）にとっての利点

草加市は大学が立地することによる経済効果を認識すべきである。学生と教職員は、鉄道やバスなどの公共交通機関を使い、市内で買い物や飲食などの消費活動を行う。学生はアルバイトとして地域の産業を支える働き手になる。忘れてはならないのが、住居（アパート）への需要である。2,000人程の地方出身者が大学近隣に住んでいるため、家賃収入だけでもかなりの金額に達し、市の税収にも貢献する。

草加市は、地域連携PBLが適切に実施されるならば、上述の①まちの持続可能性、②ブランド力、③コミュニティ力などの向上が期待できる。そして、PBLを経験した学生が、消防団、災害時ボランティア、スポーツボランティア、外国人の子どもたちの日本語学習支援、こども食堂、ゴミ拾い、ICT機器に不慣れな高齢者のサポート、献血活動などに取り組む循環ができるならば、地域貢献の輪はさらに大きくなる。なによりも高齢化が進むまちで、学生が地域の課題解決に取り組んでいる姿を地域住民が日常的に目にすることが、安心感と活気をもたらそう。

草加市が真剣に検討すべきは、獨協大生が卒業後も市内に住み続ける、あるいは卒業後に一旦市外に転出しても戻ってくる循環を作り出すことである。学生時代に地域の課題解決に取り組んだ人材に住み続けてもらう発想である。若者（獨協大生）が住みたいと思わない自治体は、いずれ若者が転出して人口減少に悩むことになる。

## （4）地域連携PBLの推進前に確認すべき事項

大学と自治体の双方に利点があるとはいえ、地域連携PBLに着手すればすべてが円滑に進むわけではない。事前に考えておくべき事項がある。第一は、大学が市民からどのように認知されているかを確認することである。「令和２年度草加市民アンケート調査」によると、獨協大学の存在は市民にさほど重視されていない。「あなたが、草加市の自然、歴史・文化、産業、生活環境等で自慢できるもの」を14個のリストから三つまで選択する質問で、「大学等高等教育機関があること」と回答した人は、平成30年度の12.4％から令和２年度に9.3％へ低下した。令和４年度の調査では筆者のゼミ生の頑張りもあり12.8％に回復した。

第二に、地域住民による学生の活動への理解が必要である。日頃より、大学として学生の学修活動や部活サークルなどに関する情報を丁寧に発信しなければならない。ボランティア活動も重要な地域貢献である。草加市内の図書館に大学の出版物を積極的に提供することも忘れてはならない。

第三に、草加市や地元企業が学生に提供できる経営資源は限られている。むやみやたらに地域連携PBLの数を増やすのではなく、実績を着実に積み上げていくべきである。草加市としては、市民の意向、自治体の政策の方向性、人材育成効果などをバランスさせながら、地域の課題解決に繋がるプロジェクトを設計することになろう。一方大学としては世の中や市政の動きを把握して草加市役所などと連携することが、地域連携PBLを円滑に進めるポイントである。

第四に、学生、自治体、企業、地域住民の参加者が増えるほど、意見集約は難しくなる。地域連携PBLに限らず普段交流のない者同士がいきなりプロジェクトを展開すると誤解や摩擦が生じる。住民ニーズは居住地域、年齢、家族構成、職業などにより多様であり、共通項を見出すことは容易ではない。地域連携PBLの取り組みを増やすのであれば、コーディネート機能を大学と市役所の双方に備えるべきである。

第7章

# PBLと人材育成

本章では、PBLと人材育成について考察する。獨協大学の建学の理念は「大学は学問を通じての人間形成の場である」に集約される。筆者は、PBLは認知能力と非認知能力の双方を高めながら人間形成を促す学びの手法であり、その目的は学生の卒業後の選択肢を増やすことだと考える。部活サークル活動を通じた非認知能力の向上だけでは不十分であり、大学は学問と社会貢献に紐付いた活動を通じて学生の人間形成を促すべきである。

## 1　認知能力と非認知能力

### （1）非認知能力の重要性

心理学者の小塩氏によると[51]、「認知能力」は二つの側面を持つ。一つは知能検査で測定されるような能力（知能）であり、特定の課題に対してできるだけ素早くあるいは多く、そして正確に解答する、求められる課題をうまくこなすことを指す。もう一つは学力である。一定の期間にある範囲の事項を覚えて理解し、問題の解決を習得し、そして学力試験でできるだけ多くの問題に対して正確に解答することである。

認知能力が知能と学力で構成されるのに対して、小塩氏は「非認知能力」を「何かの課題に対して懸命に取り組み、限られた時間の中でできるだけ多く、そして複雑に、より正確に物事を処理することができる心理的な機能ではないものの、思考や感情や行動について個々人がもつパターンのようなも

51　小塩（2021, p. 1）

のを指し示している[52]」と整理している。

非認知能力の重要性が指摘されている。ノーベル経済学賞を受賞したヘックマン氏は、先に見たように「意欲や、長期的計画を実行する能力、他人との協働に必要な社会的・感情的抑制といった、非認知能力もまた、賃金や就労、労働経験年数、大学進学、10代の妊娠、危険な活動への従事、健康管理、犯罪率などに大きく影響する[53]」と主張している。非認知能力を高めることにより、経済的なメリットが期待できるのみならず、様々なリスクが低下する可能性を示唆している。

教育経済学者の中室氏はヘックマン氏の論文を引用しながら非認知能力を解説している。非認知能力は知能指数や学力テストで計測される認知能力とは違い、「人間の気質や性格的な特徴を示す。非認知能力は認知能力の形成にも一役買っているだけでなく、将来の年収、学歴や就業形態などの労働市場における成果にも大きく影響することが明らかになってきた[54]」と述べている。さらに、「ヘックマン教授らは、非認知能力が人生の成功において極めて重要であることを強調している。また、誠実さ、忍耐強さ、社交性、好奇心の強さなどは『人から学び、獲得するものである』」としている[55]。

非認知能力は、職を獲得するためにも重要な資質である。**図表Ⅶ-1**は、非認知能力を一般的な呼称に置換えたものである。学生は就職活動で企業に提出する履歴書や自己PR、そ

---

52　同上 p. 2
53　ヘックマン（2015, p. 17）
54　中室（2015, p. 86）
55　同上 p. 87

**図表Ⅶ-Ⅰ　非認知能力とは何か**

| 学術的な呼称 | 一般的な呼称 |
|---|---|
| 自己認識（Self-perceptions） | 自分に対する自信がある、やり抜く力がある |
| 意欲（Motivation） | やる気がある、意欲的である |
| 忍耐力（Perseverance） | 忍耐強い、粘り強い、根気がある、気概がある |
| 自制心（Self-control） | 意志力が強い、精神力が強い、自制心がある |
| メタ認知ストラテジー（Metacognitive strategies） | 理解度を把握する、自分の状況を把握する |
| 社会的適性（Social competencies） | リーダーシップがある、社会性がある |
| 回復力と対処能力（Resilience and coping） | すぐに立ち直る、うまく対応する |
| 創造性（Creativity） | 創造性に富む、工夫する |
| 性格的な特性（Big 5） | 神経質、外交的、好奇心が強い、協調性がある、誠実 |

（出典）中室牧子（2015）『「学力」の経済学』ディスカヴァー・トゥエンティワン、p. 87（原典：Leslie Morrison Gutman, Ingrid Schoon I (2013). *The Impact of non-cognitive skills on outcomes for young people*, The Education Endowment Foundation).

して面接などの場で学生時代に頑張ったこと、所謂「ガクチカ」を披露することを求められる。このガクチカは、学生が行動した実績に基づいて書かれるべきものである。学生は勉学、部活サークル活動、アルバイト、留学などの経験に基づいて「自分は最後までやり抜く力がある」、「リーダーシップがある」、「協調性がある」などと非認知能力を備えていることをアピールする。他方、面接官は、学生時代に困難を克服して成果を残した人物は、入社後も困難を乗り越えて企業に貢献する可能性が高いと判断する（就活における再現性）。

佐々木氏は、スポーツで獲得できる非認知スキルは学業を通じて得られる認知スキルと同様に労働生産性向上に必要であり、将来の賃金や所得を引き上げるのに寄与すると述べている。そのうえで、「非認知スキルを習得して将来成功するためには、非認知スキルを習得できるような人的資本投資をしなければいけない」ことを指摘している[56]。大学が学生の非認知能力を高めようとするならば、それに相応しい人的資本投資を行い、その実現のための仕組みを作る必要がある。部活サークル活動やアルバイト先に非認知能力の向上を任せていては、認知能力との融合は実現できない。PBLは認知能力と非認知能力を同時に高める場であり、投資に値する対象と捉えることができる。

ここで看過してはならない点は、非認知能力だけを鍛えてもVUCAの時代を生き抜くことは難しいということである。小塩氏は、非認知能力についても認知的な側面を必ず含んでいることを「パーソナリティ特性であれ自尊感情であれ、その他の心理特性であっても、そこには必ず認知的な能力が関係している。自分自身を認識し、評価し、言語的に報告するプロセスは、必ず認知的な能力が関係している[57]」と指摘している。

認知能力と非認知能力は車の両輪である。PBLで解決すべき課題を見つける際に、文献を調べ、データを整理・分析し、

---

56 佐々木（2021, p. 6）
57 小塩（2021, p. 9）

言語化する作業は必須である。ヒアリング調査についても、取材先から好印象を持たれるだけでは不十分であり、頭の中で情報が整理されていないと的確な質問はできない。PBLに取り組むにあたり、認知能力と非認知能力のバランスをとりながら伸ばすことを意識すべきである。

### （2）総合問題への取り組み

課題には、「適用」で解決できるものと「総合」的な取り組みで解決できるものがあるという。石井氏は、ブルームの目的分類学を参照しながら「適用（application）」を特定の解法を少しアレンジすれば上手く解決できる課題と整理したうえで、日本の「わかる」授業では適用問題が主流だと述べている[58]。大学では、講義科目がこれに該当しよう。さらに石井氏は、「『使える』レベルの学力を育てるには、折に触れて、『総合（synthesis）』問題（論文を書いたり、企画書をまとめたりと、これを使えばうまくいくという明確な解法のない課題に対して、手持ちの知識・技能を総動員して取り組まなければならない課題）に取り組ませることが必要[59]」だと主張する。大学では、PBLや卒論がこれに該当しよう。

大学での学びとの関連で強調したいことは、現実の課題を扱うPBLを経験したうえで、卒論に取り組むことである。その利点は四つある。第一に、リアルな課題に取り組んだ経験から卒論のテーマを具体的に捉えることができる。これにより卒論のテーマを自分で決めることができない学生が減少す

58 石井（2015, p. 27）
59 同上

る。第二に、卒論を１人プロジェクトとして位置づけてPBLのプロジェクト管理手法を使うことができる。第三に、手持ちの知識・技能を総動員して取り組むことを学生が意識する。第四に、学生がお互いにコメントすることに慣れており、卒論作成でも助け合う。

非認知能力を伸ばす必要があるとの考えは、日本の教育界で一般化しているという。問題はどうやって伸ばすかである。石井氏によると、日本の教育界では「非認知能力は教育（訓練）によって伸ばせるということで、スキルやトレーニングプログラムが溢れた」という。そして、「非認知能力の教育は、非認知的スキルの教育になった」と述べている[60]。ここで一つの疑問が浮かび上がる。非認知「能力」や課題解決「能力」が身に付くトレーニング方法は存在するのか？　それは学生が自分で試行錯誤して身に付けるべきものであり、教員は教えることができないと考える。学生が自分に適した方法を見つけ出せばそれでよい。教員ができるのは、諸々の能力が身に付く可能性のある環境を提供することである。試してみないことには、ノウハウは身に付かない。非認知能力だけを取り出して育成するのではなく、認知能力の育成と連動させるべきである。認知能力なしに課題は解決できない。

調査研究の「型」や論文執筆の「型」も学生時代に身に付けるべきである。独創的な人物を形容するときに使われる「型破り」という表現がある。型破りであるためには型を理解していなければならない。そうしないと自分の作品のどこ

60 石井（2015, p. 72）

が斬新なのかを認識できない。大学でのゼミ選びは、専門分野の選択に加えて、どの教員の型に自分を合わせるかを決めることでもある。教員の数だけ型が存在すると言っても決して過言ではない。

## 2 PBLへの取り組みと認知能力・非認知能力

学生は自分の認知能力を知能テスト、学力テスト、入学試験、成績表、資格試験などで把握できる。一方、自分の非認知能力を把握することは容易ではない。前掲の**図表Ⅶ-1**に記されている非認知能力の項目のほとんどは、集団の中で他者と関わり合うことや、比較することなしには評価できない。PBLは、非認知能力をチーム活動を通じて育むための仕組みでもある。

認知能力と非認知能力が学生に均等に備わっているとは限らない。例えば、高校時代に受験勉強中心の生活を送り部活に所属していなかった場合、逆に部活中心の生活を送り十分な学習時間を確保できなかった場合などが考えられる。

**図表Ⅶ-2**では、網掛けの四角形の面積を入学時点での学生の認知能力と非認知能力の総量と捉えている。この学生は、認知能力が平均を上回り、非認知能力は平均に達していない。この学生の認知能力をさらに伸ばすととともに、非認知能力を平均まで引き上げることができれば、能力の総量を大きく増やすことが可能になる。逆に、入学時に認知能力が不足気味で非認知能力が相対的に優れている学生の場合は、認知能

図表Ⅶ-2　認知能力と非認知能力のバランス

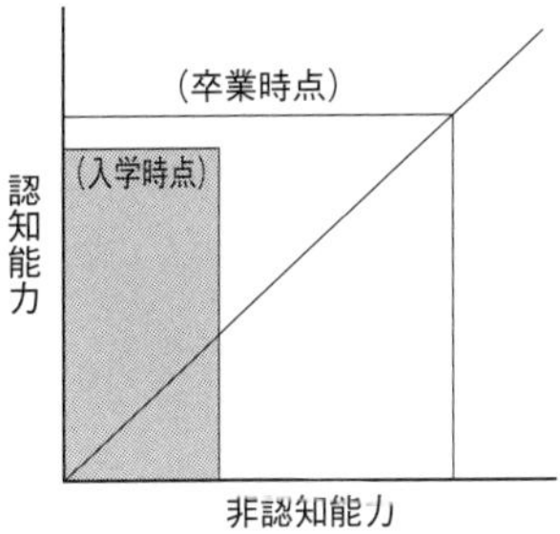


（出典）筆者作成

力を底上げする機会をPBLに組み込む設計になろう。

PBLに取り組む学生は、チームメンバーとの比較や学外での取材活動などを通じて、世の中に様々な能力、スキル、特性を持った人が存在することを再認識する。自分の非認知能力のどの部分が相対的に優れているのか、どこに改善の余地があるのかを知ることもできよう。留学生、地方出身学生、社会人学生といった自分と異なる背景を持つ人々と交流することにより、学生は自身の認知能力と非認知能力をより多角的な視点から把握できよう。

このような視点は職業選択にも重要である。業種や職種によって求められる認知能力と非認知能力の組み合わせは異なる。学生は自分の特性に合わせて職業を選択すればよい。ただし、ゼミ生が自分でPBLを通じて身に付いた能力を自覚するとともに、それを就職活動で有効活用できるとは限らない。避けるべきは、学生が自分の認知能力や非認知能力の特性を把握しないまま、自分の特性に合わない企業を選択することである。

PBLは苦役に耐えることができる人材を育成するためのプログラムではない。学生は自分たちで見つけたテーマに取り組んでいるうちに、大変だけれども楽しいから最後までやり遂げようと思うようになる。筆者は、「楽しい」とは、自分が取り組んでいるプロジェクトが他者のためにも自分のためにもなる予感を持つことだと理解している。自分ができることが増えると、気持ちが前向きになる。近年、会社で勤務時間が厳密に管理されるようになった。筆者は若手社員が会社でやりたいこと（＝楽しいこと）に十分に取り組めなくなり、モチベーションが低下することを危惧している。

教員がすべてのゼミ生について**図表Ⅶ-1**に書かれている九つの非認知能力を伸ばすためのプログラムを作成することは時間的にも能力的にも不可能である。教員にできることは、認知能力と非認知能力の双方を活用するPBLを設計して、学生が気づき成長する環境を提供することである。

## 3　PBLの局面と認知能力・非認知能力

**図表Ⅶ-3**は、PBLの進行と認知能力と非認知能力の関係を示している。PBLの開始時点では、認知能力と非認知能力は、設定した課題を解決できる水準に達していない。課題を発見するためには相応のインプットが欠かせない。文献、統計などを入手するとともにヒアリング調査を積極的に進める必要がある。調べ、理解し、整理し、議論し、仮説を立てる局面である。PBLの推進には知識のストックが極めて重要である。

図表Ⅶ-3　PBLの局面と認知能力・非認知能力

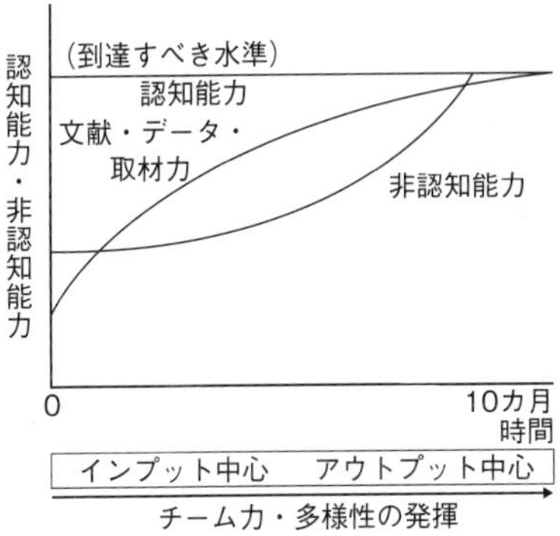


（出典）筆者作成

知識なしには課題を発見することも解決策を見出すこともできない。チームが取り組んでいるプロジェクトの新規性やオリジナリティに気付くこともできない。そして、自分たちの企画を第3者に対して言語化できない。筆者のゼミのPBLでは、インプット中心の局面の最後に、課題にどのような手順とスケジュールで取り組んでいくのかを明確にした研究計画書の作成を求めている。

非認知能力はある程度の水準に達していないと、チームとして機能せず学外協力者とのコミュニケーションがうまく取れないなどの問題が発生する。プロジェクト開始時点で一定の非認知能力を備えていることが望ましく、プロジェクトを進めるにつれてチーム内での協力関係や学外支援者との交流などを通して、さらに高まる展開が望ましい。そして、プロジェクトが終了する時点で、認知能力と非認知能力がともに課題を解決できる水準を上回っていることが期待される。

ゼミ生はPBLに取り組みながら様々な「ノウハウ」を身に付ける。表計算、文書作成、プレゼンテーション関係のソフトウェアの基本的な使い方を習得し、クラウド上で情報を共有する。ミーティングの議事録や取材メモはノートPCで作成してメンバーで共有する。コミュニケーションアプリ、スケジュール管理ソフトも欠かせない。一方で、ホワイトボードや大教室の黒板など、学生が自由に発想を膨らませることができる昔ながらのツールも頻繁に使用される。写真や動画の撮影技術もSNSでの情報発信、そしてリーフレットや冊子の作成に必須である。プロジェクトの後半でアウトプットの局面に入ると、リーフレットや冊子の制作、商品の製造などの作業が入ってくる。

## 4 年代ごとの変化

**図表Ⅶ-4**の模式図を用いて認知能力と非認知能力の年代ごとの変化について考える。縦軸に認知能力、横軸に非認知能力をとり、高校から大学、そして社会人に至るまでの変化を図示した。単純化のために、認知能力と非認知能力が同じペースで向上するケースで説明する。

ここでまず強調したいことは、大学は認知能力と非認知能力を高める機会に恵まれていることである。講義で知識を獲得することに加えて、部活サークル活動などで非認知能力を高めることができる。インターンシップ、アルバイトという学外の機会もある。本書のテーマであるPBLも経験できる。

図表Ⅶ-4　認知能力と非認知能力の年代ごとの変化

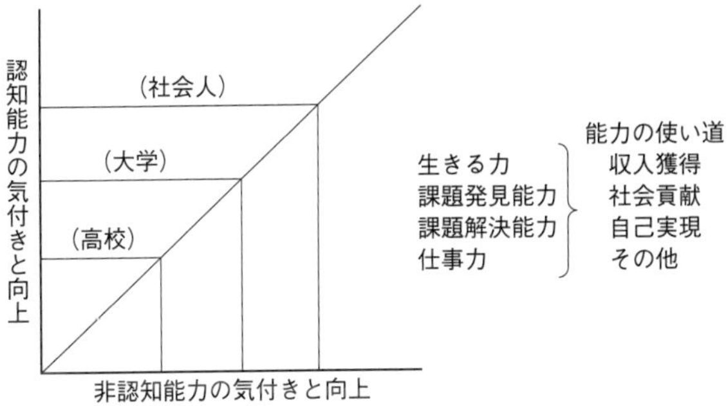


（出典）筆者作成

社会人になってからも、認知能力と非認知能力をバランスよく高める習慣が学生時代のPBLの経験を通じて定着することを期待する。社会人は自分が所属する企業や組織の経営資源を活用して、顧客の課題を解決する。そのためには認知能力と非認知能力が必要である。企業の人的投資は、業務知識の獲得に関わる研修や資格取得支援が大半を占めよう。社会人がそれらを超えて認知能力を高めるには、自己投資が必要になる。

社会人として、課題発見能力、課題解決能力、プロジェクト推進力といった自らの能力を高めて、人生の選択肢を増やしておくことも一考に値しよう。同じ能力を持っている場合でも、ある人は地域の課題解決に取り組み、他の人は仕事と社会貢献を両立させるプロボノの道を選択するかもしれない。自分の能力をもっぱらビジネスでの成功や所得獲得のために使う人もいよう。能力の使い道は本人次第である。

## 5　チームの成長をどのように捉えるのか

### （1）チームとしての認知能力と非認知能力の向上

PBLはチームで取り組む学修活動である。チームとしての成長はどのように捉えることができるのか。筆者のゼミで取り組んでいるPBLは作業量から判断して、1人では対応できない。チームでの対応が必須である。

**図表Ⅶ-5**では、3年生5人（小さな円が1人に相当）の

**図表Ⅶ-5　チームとしての認知能力と非認知能力の向上**

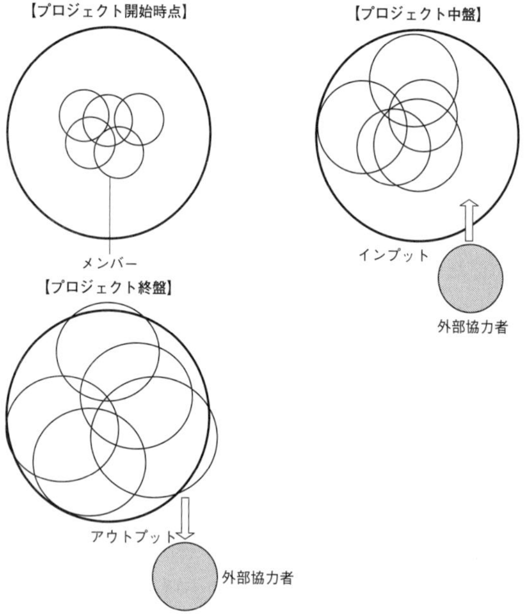


（出典）筆者作成

チームが想定されている。大きな円は、PBLで成果を残すために必要な認知能力と非認知能力の総量である。プロジェクト開始時点では、メンバー５人の認知能力と非認知能力は目的の達成に不足している。２年次までは必修科目や選択必修科目などを中心に授業を履修していたため、５人が持つ知識は重なり合う部分が多い。

プロジェクトの進行とともに、講義を手分けして受講したり、課題解決に必要な文献を分担して読む局面に入る。プロジェクトの中盤になると、メンバー間で役割分担がロジスティックスを含めて形成される。加えて、市役所や企業関係者などの外部協力者より、文献では得られない情報や知見がチームにインプットされる。研究計画書（プロジェクトのゴールに向けた手順書）を作成することで、チーム内でPBLの取り組みを「見える化」して共有するとともに、外部協力者に対して自分たちの取り組みを「見せる化」できる。

プロジェクトの終盤では、アウトプットに必要な情報や知識はおおむね揃っている。そして、外部協力者などにPBLの成果をプレゼンテーションなどでフィードバックする段階に入る。メンバーが協力しあうことにより、五つの輪の面積（チームの合計）は一つの輪（１人）の面積を大きく上回る。学生は、個人で取り組むよりもチームで取り組んだ方が大きな成果を残せることを実感する。プロジェクトチームは、発足時点では多様な知的背景を持った集団とは言いがたいが、PBLの終盤になるとそれを備えた集団になる。学生がプロジェクトを振り返って、「メンバーが誰１人欠けても成功しなかった」と述べる背景には、こうした成長がある。

PBLの成果を左右する最も重要な要素は、間違いなくチームワークである。チーム内に不信感があると、議論や役割分担が成立せず、締切りは守られなくなる。課題発見どころではない。さらに、想定外の事態に見舞われた場合に、対応できずにチームが分裂しかねない。チームワークが揺らいでいる時は、往々にしてプロジェクトの目的と目標が忘れられている。

## （2）チームにおける多様性の確保

プロジェクトを円滑に進めるためには、チーム内に多様性を確保する必要がある。ここでの多様性は、性別、人種、年齢、信仰などの違いである「人口統計学的多様性」ではなく、ものの見方や考え方が異なる「認知的多様性」のことを指す。

同じ分野の知識を同じだけ持っている人物が５人集まっても、同じような意見しか出ないため課題の発見や解決策の提示には結び付かないであろう。課題を解決するためには、問題となっている事柄を多面的な視点から分析し、それを解決可能な課題に落とし込む必要がある。チーム全員が一定の知的基盤を共有しつつ、各自が異なる知的バックグラウンドを持っている方が課題の発見や解決策の提示に結び付く確率は高まろう。

サイド氏は、「人間の創造活動においてもっとも顕著にみられるトレンドは、個人からチームへのシフトだ」というウッツィの言葉を引用している[61]。個人の能力だけではなく、

---

61 サイド（2021, p. 28）

チームや集団全体を見る姿勢が欠かせない。それでこそ高い「集合知」を得られるという。なぜ認知的多様性が必要かというと、画一的な組織では盲点を見抜けない[62]からである。プロジェクトの穴を見つける人材を確保しておかないと解決策は失敗する。例えば、筆者のゼミのテーマである開発経済学を学んでいる学生だけで、課題解決に必要な知識を網羅することはできず、プロジェクトの盲点を見逃す恐れが大きい。筆者のゼミでは、チーム発足時に、メンバーを男女比、取得している資格、得意分野、出身地などを考慮して決めていない。その方が認知的多様性の豊かなメンバーが集まると考えるからである。そして、プロジェクトの進行につれて多様性がプラスに作用するチームに変化する。メンバーの特性をフルに稼動させ、助け合いながらプロジェクトのゴールに辿り着く。

サイド氏によると、そもそも何か問題を解決しようというときに重要なのは、正しく考えることであったり、人と違った考え方をすることではない。異なる考え方が必要になるのは、まわりの人々が違っているときだけだと考える人が多い。すると採用基準は「有能だから」や「早いから」になる。こうした考えこそ間違いであり、新商品の開発から疾病の治療まで、さらには気候変動や貧困の問題まで、一筋縄ではいかない課題を解決する際には、正しい考え方ばかりでなく「違う」考え方をする人々と協力しあうことが欠かせないという[63]。

---

62　同上、p. 36
63　同上、p. 25

多様性の存在を理解したり尊重するだけでは不十分で、多様な考え方や利害を調整して結果に結び付ける力もPBLに必要である。全員の議論を足して人数で割った結果、プロジェクトが頓挫しては元も子もない。PBLは、自分たちの選択が本当に正しいかが分からない中で、判断を下す訓練でもある。

画一的な回答を効率よく導き出そうとする学生はPBLで戸惑う。課題と解決策の組み合わせが無数に存在する中で、蓋然性の高い方法を見つけ出さなければならない。PBLを成功に導こうとするならば、最初から一つだけの正解が用意されている画一的な教育を放棄すべきである。PBLは、全国の高校で行われている同じ教科書を使って同じことを学んで同じテストを受けて偏差値を競い合う教育とは相容れない。

### (3) 早く正解に辿り着こうとしない

プロジェクト活動に取り組むうえで、スケジュール管理はきわめて重要である。筆者のゼミの場合、10カ月で学生が消化できる作業に落とし込んでいる。教員(筆者)はスケジュール管理が適切に行われているかを定期的に確認する。学生はアルバイトや部活サークル活動に従事していることに加えて、インターンシップに参加する。それだからこそ、学生にとってもスケジュール管理はとても重要である。

筆者のゼミでは、PBLを決められた期限までに終わらせることを原則としつつも、効率性(=早く正解に辿り着くこと)は求めない。失敗を容認している。要領良くまとめた企画書に書かれた無難なアイデアは読み手の知的好奇心を刺激しない。

そもそも効率的な対応が構造的にできないのがPBLである。受験勉強であれば、テキストを何回解けば偏差値がどれだけアップするかを概ね把握できよう。PBLでの学びではインプットとアウトプットの因果関係が不明確である。プロジェクトの初期段階で期待されているのは効率性ではなく、解決策のアイデアの面白さである。

## 6 キャリア選択に役に立つのか

３年次のPBLで身に付いた資質は、キャリア選択に活用できる。重要なことは、学生が経験を積んで能力なり資質が高まった段階で、進路を選択することである。学生が自分の認知能力と非認知能力をある程度認識したうえで、自分に適した企業を選択することが本人のためになる。多くの学生が企業に選ばれる方法を探している。自分の特性を知ったうえで自分に適した企業を選ぶことも同じくらい重要であり、適職を見つける近道である。

ただし、注意点がある。筆者は毎年３年次秋学期最後の授業で就職活動に取り組んでいるゼミ生に三つのことを伝えている。第一は、プロジェクトの内容ではなく自分のパーソナリティーを面接官に伝えることである。学生は自分が取り組んだプロジェクトを長々と説明する傾向がある。面接官が知りたいのは、学生が自社にどれだけ貢献できる人物かである。

第二は、孤立することなく、プロジェクトメンバーと連絡を取り合うことである。就職活動では理由を告げられることなく不採用になることが多い。特に最終面接で落とされると、気持ちが沈む。そのような時にこそ、息抜きが必要である。
第三は、プロジェクト活動だけでなく、アルバイトや部活サークルの経験、そして趣味などの話題も面接官に伝えることである。面接官は多面的に学生を評価する。
筆者は、4年次の春学期最後の授業でゼミ生に「進路決定報告書」を任意で提出してもらっている。面接でのPBLに関わる質問は、ほぼ次の六つに集約される。

1. プロジェクトのテーマを選んだ理由
2. 最も苦労した点とそれをどう克服したか
3. チーム内での役割とチームへの貢献
4. 企業や官公庁などの協力者をどのように見つけたのか
5. プロジェクトを通して自分はどう成長したか
6. プロジェクトの最終成果物とその評判

面接でのポイントは、企業の業務を把握したうえで、相手に分かりやすく説明することである。PBLで企業と連携したゼミ生は、企業の組織や意思決定メカニズムなどを理解したうえで回答できる。PBLの経験を面接官にアピールする際のキーワードはプロジェクトである。なぜなら、企業の業務は1人ではなくチームで進められるからである。ゼミ生は、プロジェクトのテーマを選んだ理由を、目標と目的を交えながら簡潔に伝えればよい。学外コンテストで最優秀賞を獲得したからといって即内定を獲得できるわけではない。賞という結果よりも、プロジェクトの過程において自分が何を考え、どのように行動したかを企業から問われる。

筆者のゼミの就職先の特徴として、近年IT企業に就職する学生（企業から理系の仕事をこなす潜在力があると評価された学生）が増えていることが指摘できる。2022年度は４年生17人中６人を占めた。新興のIT企業の場合、大学のキャリアセンターを頼らずに自力で開拓しているケースが多い。

## 7 教員による プロジェクト・マネジメント

### （1）教えない教員

PBLはプロジェクトである。筆者（教員）はプロジェクト・マネジメントに関して、どのような役割を果たしているのか。筆者のゼミは「学生主体」をモットーにしている。しかし、PBLの開始時点ではゼミ生のプロジェクト・マネジメント能力は十分には育っていない。

PBLにおける教員の役割は、教室での講義とは全く違う。筆者は、学生とのブレインストーミングに参加してアイデアを出すことはある。調べ方、議論の組み立て方、参考文献、アポイントメントの取り方、交渉の仕方などプロジェクトを推進するうえで重要なことを伝える。しかし、筆者は「教えない」ことを基本としている。筆者のゼミのPBLは、教員がゼミ生に教えることができない構造になっている。学生は筆者の専門分野と関係なしに、面白そうな課題を探してくる。従って、筆者は学生が関心を持つテーマの知識を持ち合わせていない場合が多い。例えば、野菜摂取量と健康の関係、口内衛生を促すための歯磨きの仕方の医学的な背景、タイにおけるLGBTQを保護するための法制度、細川紙（和紙）の防虫効果、外国人のためのやさしい日本語、草加市のハザードマップ等々枚挙に暇がない。特定分野の知識量では、学生が教員を上回る。

PBLに取り組んでいる10カ月の間で、学生が最も育つのは夏休みである。研究計画書にまとめた計画を実行に移す時期である。教員から夏休み中に大学に集合するようにとの指示は、過去数年出していない。学生とメールや遠隔会議システムで連絡を取り合うことはあっても、夏休み中に対面で指導することは希である。

## （2）問題が大きくなる前に修正する

教えないことイコール放任ではない。問題が大きくならないように、そしてスケジュールが大幅に遅れないように軌道修正を図る。そのために二つの仕組みを取り入れている。一つは、毎週の授業の冒頭で行う、各グループによる短い活動報告である。過去１週間の進捗と次の１週間の予定が報告され、問題点があればその場で修正を促す。他のチームの報告を聞くと、ゼミ生は自分のチームのプロジェクトが相対的に進んでいるのか否か、そして同じような課題に直面しているかなどを認識できる。

もう一つは、プレゼンテーションの機会を年度のスケジュールに組み込んでおくことである。学生はプレゼンテーションの都度、何がどこまで進んでいるのかを確認でき、教員もアドバイスができる。

### （3）モチベーションの維持

長丁場のPBLでは、モチベーションの維持と息抜きも成果を残すために忘れてはならない点である。10カ月の間、高いレベルの緊張感を保つことはできない。予め息抜きのタイミングを設定しておく。特に学生のストレスが溜まるのは、テーマが定まるまでの暗中模索期とアウトプットの締切り間際の繁忙期である。しかも、PBLを就職活動と同時に進める必要がある。

モチベーションの維持には幾つかの要素が必要である。第一は、プロジェクトの目標と目的を折りにふれて問い直すことである。最終ゴールが明確になると、無駄な作業を省くことができる。

第二は、自分たちのプロジェクトの優れた点や斬新な点を話し合うように伝えることである。自分たちの活動の意義を再確認する機会になる。学生が活動を過小/過大評価している場合は修正する。

第三は、家族とのコミュニケーションである。プロジェクトについて家族と会話をしている学生は精神的に安定している。身近にいつでも話を聞いてくれる人がいて、見守ってくれる安心感がある。

第四は、メディアの力を借りることである。一つには、メディアに取り上げていただくことにより、学生は第３者の目から市民に知らせる価値がある活動をしていることを認識できる。もう一つには、ゼミ生の家族や親戚に喜んでもらえる。ある全国紙に写真入りの記事が掲載された学生から、田舎に住んでいる祖父が近所のコンビニエンスストアで掲載紙を買い占めて知り合いに配った話を聞いた。

第5は、先輩から経験談を聴くように促すことである。教員ができないアドバイスを期待している。

## （4）教員が自覚すべき事項

教員が自覚あるいは認識しておくべき点がいくつかある。

第一は、PBLの指導に必要な資質がすべて備わっている教員は存在しないことである。自分の手に負えない分野は、専門家や実務家などの助けを借りるべきである。

第二は、プロジェクトの進捗とともに、学生が教員の知らない情報を蓄積するようになることである。教員が十分な情報を持っていないことを自覚したうえで、間違った指示を出さないように注意する。

第三は、教員とゼミ生の意見が異なる場合は、教員の考えを提示したうえで学生に取捨選択を促すことである。教員の考えを無理強いすると、学生の当事者意識が低下する。

第四は、ゼミ生が期限内に終わりそうにないほど多くの事柄に手を出している場合や、自分たちに全く蓄積がないテーマを取り扱おうとしている場合などに、学生に注意喚起することである。

第五は、プロジェクトが進捗するにつれてグループ内の関係が緊密になる一方で、グループ間の繋がりが希薄になることである。情報共有の機会を意識的に作る。

第六は、教員からグループの誰が何の役割をどの程度しているかが見えにくいことである。時々自分の役割を果たすことなく、他のメンバーに迷惑をかける学生がいる。

第七は、社会人の視点からの学生へのアドバイスである。学生が企業や市役所の各部署の機能や意思決定メカニズムを把握していることは希である。

第八は、春学期末に提出する研究企画書を入念にチェックすることである。その完成度が低いほどプロジェクトが迷走するリスクが高まる。

第九は、プロジェクトが迷走したときの対応である。自分たちが何を目的にプロジェクトに取り組んでいるのかを再確認するように促す。自分たちが興味のあることだけに作業を集中して、調査研究全体のバランスが崩れてしまうことが起こりかねない。

# おわりに

本書では、１期生から12期生までの総勢257人のゼミ生が取り組んだ計50のPBLについて、2016年度から2021年度までに実施した地域連携PBLを中心に紹介した。登場したのは、普通の大学生と普通の教員による、社会的課題の解決を意識した、個性溢れるPBLである。

筆者は、獨協大学経済学部に2009年４月に着任した当時、オリンピックやパラリンピックをテーマに地域連携PBLに関する書籍を執筆することになるとは全く想像していなかった。正直に言えば、民間企業３社に計21年勤務してから大学の教員となった当時、PBLの存在を知らなかった。遡ると、学生時代に教職課程を履修したものの、２科目の単位を取得したところで挫折した。肯定的に捉えるならば、筆者は日本の教育システムに疎く特定の学習観に囚われていないが故に、学生や社会のニーズから逆算してPBLを組み立てることができているのだろう。ゼミは、授業計画を記入したシラバスを作成する必要がなく、教員と学生が合意すれば調査研究のテーマや授業形式を自由に設定できる、筆者が推し進めているPBLに適した制度である。

獨協大学の建学の理念は、「大学は学問を通じての人間形成の場である」である。筆者なりに解釈すると、学問は認知能力、人間形成は非認知能力をそれぞれ指す。独学では人間形成に限界がありチームとしての学びが必要である。教員や他の学生、企業関係者、市役所職員、市民などとの出会いを通じて人間形成が促される。前章で述べたように、答えを見つけにくい現代においては、見落としのないプランをチームで構築する重要性が高まっている。

筆者は、グローバル人材やSDGs人材のように、特定のスペックを設定した学修プログラムを組んでいない。社会人基礎力を身に付けることを学生に呼びかけていない。どのような人材になるのか、そして自分の能力を何のために使うかは学生が自分で決めることである。教員の役割は、学生が能力を高めるための機会を提供することである。

地域連携PBLは、地域の視点からグローバルな課題に取り組む。Think Globally, Act Locally（地球規模で考え、足元から行動せよ）ではなく、Act Locally, Think Globally（足元から行動し、地球規模で考えよ）の順番で行動する集団があってもよい。筆者の大学の研究室を基点に半径3.0㎞で課題を発見して自分なりの解決策を見つけられない人物が、グローバルな課題を解決できるのだろうか。学生時代に身近な課題に挑戦した経験を活かして、海外の課題に挑戦する人材育成の経路があってもよかろう。

東京2020大会の開催と新型コロナの流行が、期せずして筆者とゼミ生が地元に目を向けるきっかけとなり、半径3.0㎞以内で数々のPBLを楽しみながら実施できた。そして、PBLが草加市の社会関係資本の醸成に貢献できる可能性を筆者に気づかせてくれたのは、ゼミ生に他ならない。

ゼミ生の活動がきっかけとなり筆者にお呼びがかかることが多い。例えば、国際協力NGOジョイセフの理事に就任したきっかけは、３期生のゼミ生がグローバルフェスタJAPANでジョイセフのブースを訪れたことに遡る。その後学園祭のミニシンポジウムでジョイセフのスタッフに講師として来学していただき、チャリティーピンキーリングを販売したことなどから関係性が深まった。日経GSR学生アイデア・コンテストでお世話になった千代田化工建設株式会社にステークホールダーズダイアログのメンバーとして呼んでいただいた。本書で取り上げた草加市との関係でも、ゼミ生の活動から草加市オリンピック・パラリンピック推進委員会の委員就任に声がかかった。

本書ではPBLに取り組む利点を紹介した。だからといって、筆者はPBLを手放しで推奨している訳ではない。PBLは教員と学生の双方に負担の大きい授業方式である。教員がそれぞれの専門分野、教育方針などを勘案して、自分なりの授業方式を選択すればよい。大半の学生がPBLを経験することを望んでいるかというとそうではない。

課題解決能力のある人材のストックを社会全体で積み増すには、企業が自己変革を遂げる必要がある。そのためには、企業が学生から学ぶ自由と権利を奪っている状況を変えなければならない。就職活動の早期化の弊害に加えて、入社前の内定者に大量の研修用教材を送り付けて、在学中に資格（証券外務員、宅地建物取引主任者、ICT関連の資格など）の取得を強いる企業が目立つ。業務を知る一環としてアルバイトに駆り出される学生も多い。入社前から社員と同等の業務をあてがわれ、心身が疲弊して入社辞退に追い込まれたゼミ生もいる。そうした企業は、SDGsの推進や働き方改革に取り組んでいることをウェブサイトに掲載する資格はない。

企業は、社員の課題解決能力を伸ばす努力をすべきである。

PBLのように課題を発見して解決策を模索する人材育成方法を取り入れている企業や自治体はどれほどあるのだろうか。筆者が不安に思うのは、大学でPBLを経験した学生が就職後にその経験を生かす機会を見出せないことである。企業が卒業生の個性を潰して画一的な社員にしてしまうことを懸念している。企業が課題解決能力のある人材の育成を大学に求めるのであれば、企業から変わる必要がある。

日本社会は、学生に多くを求めすぎていないか。学生が身に付けるべき能力として、本書で焦点をあてた認知能力と非認知能力の他に、優秀な行動をする人材の特性であるコンピテンシー[64]、STEAM（Science, Technology, Engineering, Mathematicsに加え、芸術、文化、生活、経済、法律、政治、倫理等を含めた広い範囲でAを定義し、各教科等での学習を実社会での問題発見・解決に生かしていくための教科等横断的な学習[65]）などがある。他にも、AIに代替されない人間でしかできない深い思考力や社会人基礎力も求められる。確かに、こうした能力を学生が備えるに越したことはない。だが、現行の大学制度を前提とすると、学生が4年間でそうした能力をすべて身に付けることは不可能である（少なくとも筆者は未だ身に付いていない）。今日の日本社会は、学生が身に付けるべき能力を列挙するだけで、その実現に必要な投資や機会を提供できていないのではないか。

---

64 コンピテンシーについては、白井（2020）の序章に詳しい。
65 文部科学省ウェブサイト「STEAM教育等の各教科等横断的な学習の推進」（https://www.mext.go.jp/a_menu/shotou/new-cs/mext_01592.html）（2022年9月30日最終閲覧）

課題解決能力のイメージに偏りがある。課題解決能力というと、世の中を驚かせるような技術革新を生み出した人物、社会の在り方をドラスチックに変えることができる人物、常識を破るビジネスモデルを展開する人物などの輩出が想定されているように思える。筆者もそうした異能人材が数多く現れることを願っている。課題解決能力に関わる認識で重要なことは、日々の業務や生活の中で地道な改善に取り組んで確実に成果を上げる人材を増やすことである。筆者のゼミのプロジェクトチームは10カ月の活動期間中に、小さな課題を解決する作業をひたすら繰り返している。これなしには大きな課題の解決に辿り着けない。チームで相談し、判断し、実行しながら課題を解決した実績が日々積み上がる。教室での講義科目では、小さな課題も大きな課題も解決する機会を得られない。PBLの初期段階と最終段階を比較すると、プロジェクトチームの課題「処理」能力は格段に高まっている。そして豊かな処理能力なしに課題は解決できないのである。

PBL成功の鍵を握るのはチーム力である。PBLは、チームで課題解決に取り組むプログラムである。チームとして機能しないと課題は解決できない。実はPBLそのものが、プロジェクト発足後暫くの間、VUCA的な状態に陥る。つまり、プロジェクトのテーマや課題が変動し、不確実で、複雑で、曖昧になる。筆者もこの段階では最終的なアウトプットや社会的意義を描けない。だが、プロジェクトがVUCA的な状態であることを言い訳にして意思決定を先送りにすることは許されない。プロジェクトの先が見通せない時ほど、チームでアイデアを出し合ってVUCA的な状態から抜け出す必要がある。

筆者のゼミのPBLでは、教員の指示ではなく学生が話し合って日々改善に取り組み、解決策を導き出す。課題が複雑で曖昧なほど、１人では解決できないことを自覚し、他のメンバーと協調行動を取るようになる。先述のように、プロジェクトが終了した時点で、メンバーの口から「このチームの誰１人が欠けてもゴールに辿り着けなかった」との発言が聞かれたら、そのPBLは成功である。

課題の解決に辿り着くには、想定外の事態への対応力も必須である。プロジェクトチームが発足した時に描いた解決策、そしてスケジュールでゴールに到達することはまずない。数々の想定外の出来事に見舞われる。例えば、ゼミは法人格がないため契約の当事者になれないことがある日判明した、協力企業の担当者が打ち合わせの２日後に突然退職した、原材料の調達を阻む規制が存在することが明らかになった、想定外に製造コストが膨れ上がった、天候不良により搭乗した飛行機の目的地が突如変更された等々、講義（教室）では起こり得ない事態に直面することがある。その度に、メンバーで話し合って最善ではなくともより良い選択を探ることになる。

筆者のゼミのPBLで人は育っているのか？　筆者は答えを持ち合わせていない。認知能力と非認知能力がどれだけ向上したのか、そしてそのことが学生の人生にどれだけプラスになるのかは分からない。一つ言えることは、課題発見から解決策を考えてアウトプットをカタチにするプロセスを学生時代に経験することは一生の財産になることである。３年次に

10カ月をかけて取り組むPBLは、小学校から大学までの16年間の学びの総仕上げとして、「使える能力」を身に付ける機会である。

恐らく、PBLを経験した学生は将来、学生時代に学んだ知識は忘れてもPBLの行動パターンが体に染み付いているのではないか。第一は、何が問題なのか、そしてどうすれば課題を解決できるのかを考える習慣である。第2は、現場に足を運んで課題を確認する習慣である。第3は、グループで課題に取り組んで解決策を見つける習慣である。第4は、先行研究、データ・資料収集、ヒアリング調査などを実施したうえで企画書を作成する習慣である。第5は、プレゼンテーションやレポートなどのアウトプットから逆算して仕事を組み立てる習慣である。

何が身に付いたかを考える際に重要なことは、教員が何を教えたと認識しているかではなく、学生が何をできるようになったと認識しているかである。学生は恐らく学力という切り口では自分の能力を捉えていない。文章力にせよプレゼンテーション能力にせよ、自分ができることが増えていることを実感することがポイントである。子どもの頃に鉄棒で初めて逆上がりができた時の感覚に近い。

筆者のゼミ生に何かしらの共通点があるとすれば、金銭的見返りを期待できないことにも真摯に取り組む姿勢、売れ残るリスクを抱えながらも自分たちが作りたい商品を製造する覚悟、PBLの合間にインターンに参加する行動力、他のチームメンバーをリスペクトしていることなどであろう。自分がやりたいことを正々堂々とやれるのは学生の特権である。やりたいことと社会貢献が一致しているからこそ、支援してくださる人が現れる。企業の歯車の一つになるとそうはいかず、利害関係やセクショナリズムで身動きがとれなくなる。

一方で、ゼミ生はPBLで身に付いた資質を就職活動や社会で発揮するならば、十分なリターンを獲得できることを先輩の事例から知っている。PBLはゼミ生にとって自己投資でもある。PBLに携わる利他的動機と利己的動機がバランスしているが故に、プロジェクトを途中で投げ出したゼミ生はいない。現実を目のあたりにして、「現状を変更しないと大変なことになる」という危機意識と、「これを実現すれば誰かの状況が改善されるかもしれない」という明るい希望と、「これを実現すれば自分が成長できるのではないか」という成長欲求のバランスである。

そして、SDGsへの取り組みとPBLは相乗効果を持つ。なぜならSDGsを着実に達成することで、先行きが不透明で予想が困難なVUCAな状態を和らげることができるからである。例えば、地球温暖化を遅らせることができるならば、企業や家庭を取り巻く不確実性は大きく低下する。アフリカの貧困問題を解決できたならば、地域の社会経済の安定に大きく寄与しよう。PBLでSDGsに関連したテーマに取り組む意義は十分過ぎるほどある。

SDGsに関わる活動を学生時代に経験した人材のストックを増やすことは、持続可能な開発の実現に向けた有力な方法である。そうした人材が増えて課題が解決されるほど、第3者もメリットを得ることができる。

ここで看過してはならないのが、地球が直面している課題を作りだしてしまった大人こそがPBLに取り組んで課題を解決すべきだということである。自分の世代が作りだした課題の解決を若い世代に押し付けることは許されない。今の社会経済システムを作ったのは大人に他ならない。

一方で、学生は、持続可能な社会の実現に資する教育を受ける機会、あるいはPBLを体験する機会を享受できているのだろうか。大学には、そうした教育やPBLを提供する義務がある。近年の学習指導要領の改訂により、小学校から高校において、持続可能な開発のための教育（ESD）に加えてSDGsが授業に取り入れられるようになった。そして大企業を中心にSDGsやESGに取り組んでいる。大学がSDGsの達成に貢献できる人材育成プログラムを提供できないと、日本の人材育成の環が途切れてしまう。

当然のことながら、人材育成はタダではできない。認知能力にせよ、非認知能力にせよ、学生の能力を伸ばすには仕組みを作り、人を配置し、機会を提供する必要がある。ただし、予算を増やせば翌年にすべてが解決する話ではない。コーチ役となる教職員の育成から始める必要がある。非認知能力が重要だと教育経済学で指摘されているものの、どのようにすれば伸びるのか、方法論も詰める必要がある。人材育成には時間と根気が必要であり、10年単位で取り組むべき事業である。

筆者は、草加市が東京2020大会をきっかけに、快適都市、そして持続可能なまちを実現するための政策を推し進めることがオリンピックとパラリンピックのこの地におけるレガシーと考える。その際に、東京2020大会の草加市のコンセプトであった「未来につなげる草加の輪」を実現するには、人と人の繋がりを作り出す必要がある。地域連携PBLの出番である。東京2020大会とSDGsに関連して筆者のゼミが取り組んだPBLと本書が草加市におけるレガシーの一つになることを願ってやまない。

ゼミ生が何年後かにプロジェクトメンバーと再会したとき、学生時代にテキスト輪読で使った教科書が話題になることはないであろう。卒業生がいつの日か、社会的課題に挑戦するプロジェクトを自主的に組成することを楽しみにしている。課題解決能力を発揮する場は企業に限らない。町会・自治会、PTA、マンションの管理組合、NPO/NGOの運営などでも活用できる。むしろその方が社会全体で捉えるならば、より多くの社会的課題を解決できると考える。

本書を上梓するにあたり、筆者のゼミでPBLに取り組んだすべての学生に謝意を伝えたい。ゼミを巣立った学生は2023年３月に卒業した12期生を含めると計257人に達する。2022年度に取り組んだ現４年生（13期生）16名を加えると、PBL経験者は総勢273人になる。

ゼミ活動は、多くの方々の理解と支援に支えられてきた。草加市役所のスポーツ振興課、危機管理課、産業振興課、広報課、草加市社会福祉協議会、そして埼玉県オリパラ課の皆さんに多大なるご支援をいただいた。ゼミ生の活動を温かく見守ってくださった市民・県民の皆さんに厚く御礼申し上げる。金田行孝氏、吉村司氏、そして川島香生氏には、長年にわたりゼミ生を指導していただいた。草加市を拠点とする生鮮スーパーゼンエー、草加せんべいの生産・販売企業であるまるそう一福、草加マルイ、国際協力NGOジョイセフのご支援は、学生にとっても筆者にとっても心強かった。獨協大学自律学習スペースCLEAS（クレアス）のスタッフにはゼミ一同いつも助けられた。学生思いの生方美聡氏の思慮深い明るさと献身的なサポートがなければ本書が世に出ることはなかった。的確な編集作業で本書を出版へと導いた並木楓氏に感謝申し上げる。

# 参考文献リスト


相原正道（2020）「地域スポーツにおける地方創生～ポスト2020東京オリンピック・パラリンピック～」（相原正道・佐々木達哉他編著『SPORTS PERSPECTIVE SERIES 7 地域スポーツ論』晃洋書房所収）pp. 1-16.

明石吉三（2012）「大学の社会貢献」（『大学時報』第345号所収）pp. 10-15.

荒牧亜衣（2016）「有形のレガシーと無形のレガシーの関係性に関する研究」（『筑波大学体育系紀要』2016年３月所収）pp. 47-52.

荒牧亜衣（2021）「東京2020大会レガシー計画を振り返る」（『現代スポーツ評論』44号所収）創文企画． pp. 64-74.

池上彰・上田紀行・伊藤亜紗（2021）『とがったリーダーを育てる～東工大「リベラルアーツ教育」10年の軌跡』中央公論新社.

石井英真（2015）『今求められる学力と学びとは～コンピテンシー・ベースのカリキュラムの光と影』日本標準.

石井英真（2020）『未来の学校～ポスト・コロナの公教育のリデザイン～』日本標準.

石坂友司・松林秀樹（2013）『〈オリンピックの遺産〉の社会学 長野オリンピックとその後の十年』青弓社.

石坂友司（2018）『現代オリンピックの発展と危機1940-2020』人文書院.

石坂友司・松林秀樹（2018）『一九六四年東京オリンピックは何を生んだのか』青弓社.

石坂友司（2020）「オリンピック・レガシー研究の隘路と可能性: ポスト・オリンピック研究に向けて」（日本スポーツ社会学編集企画委員会編『2020東京オリンピック・パラリンピックを社会学する～日本のスポーツ文化は変わるのか～』創文企画 所収）pp. 24-36.

井尻昭夫他編著（2020）『大学と地域～持続可能な暮らしに向けた大学の新たな姿～』（シリーズ・21世紀の地域⑦）ナカニシヤ出版.

稲葉陽二（2011）『ソーシャル・キャピタル入門～孤立から絆へ～』中央公論新社.

上杉孝實・香川正弘・河村能夫編著（2016）『大学はコミュニティの知の拠点となれるか～少子化・人口減少時代の生涯学習～』ミネルヴァ書房.

内田樹（2022）『複雑化の教育論』東洋館出版社.

大﨑紘一・三好宏（2020）「大学での地域実践活動への取り組み」（井尻昭夫他編著『大学と地域～持続可能な暮らしに向けた大学の新たな姿～』ナカニシヤ出版所収）pp. 3-13.

小笠原博毅・山本敦久（2019）『やっぱりいらない東京オリンピック』（岩波ブックレットNo. 993）岩波書店.

岡村圭子（2019）『団地へのまなざし～ローカル・ネットワークの構築に向けて～』新泉社.

小塩真司（2021）「非認知能力とは」（小塩真司編著『非認知能力～概念・測定と教育の可能性～』北大路書房所収）pp. 1-10

興津妙子（2019）「基礎教育/学習成果」（北村友人・佐藤真久・佐藤学編著『SDGs時代の教育～すべての人に質の高い学びの機会を～』学文社所収）pp. 80-94.

柏木智子（2016）「学校と地域の連携による校区ソーシャル・キャピタルの醸成」（露口健司編著『（叢書ソーシャル・キャピタル②）ソーシャル・キャピタルと教育～「つながり」づくりにおける学校の役割～』ミネルヴァ書房所収）pp. 64-86.

片木篤（2010）『オリンピック・シティ東京 1940・1964』河出書房新社.

勝又晋（2020）「国際協力機構（JICA）とSDGs」（神谷和義・林恒宏編著『スポーツSDGs概論』学術研究出版所収）pp. 69-85.

蟹江憲史（2020）『SDGs（持続可能な開発目標）』中央公論新社.

金子史弥（2020）「オリンピックとボランティア政策」（日本スポーツ社会学会編集企画委員会編『2020東京～オリンピック・パラリンピックを社会学する～日本のスポーツ文化は変わるのか～』創文企画所収）pp. 131-176.

神谷和義・林恒宏編著（2020）『スポーツSDGs概論』学術研究出版.

亀倉正彦（2016）『失敗事例から学ぶ大学でのアクティブラーニング（アクティブラーニング・シリーズ第7巻』東信堂.

河合塾編著（2016）『大学のアクティブラーニング～導入からカリキュラムマネジメントへ～』東信堂.

KANDAI for SDGs推進プロジェクト編（2022）『アカデミアが挑むSDGs～関西大学の多様な取り組み～』関西大学出版部.

北村友人・佐藤真久・佐藤学編著（2019）『SDGs時代の教育～すべての人に質の高い学びの機会を～』学文社.

木村佐枝子（2014）『大学と社会貢献～学生ボランティア活動の教育的意義～』創元社.

神戸学院大学（2020）『地域と繋がる大学～震災から何を学んだか～』中央公論新社.

マシュー・サイド（2021）『多様性の科学～画一的で凋落する組織、複数の視点で問題を解決する組織～』ディスカヴァー・トゥエンティワン.

坂本俊輔（2020）「PROG テストで見る大学生のジェネリックスキル―リテラシーとコンピテンシーの測定結果から」（『城西大学経済経営紀要』38号所収）pp. 63-76.

佐々木勝（2021）『経済学者が語るスポーツの力』有斐閣.

佐藤真久・広石拓司（2018）『ソーシャル・プロジェクトを成功に導く12ステップ～コレクティブな協働なら解決できる！ SDGs時代の複雑な社会問題』みくに出版.

佐藤真久・北村友人・馬奈木俊介編著（2020）『SDGs時代のESDと社会的レジリエンス』筑波書房.

芝浦工業大学地域共創センター編著（2019）『大学とまちづくり・ものづくり～産学官民連携による地域共創』三樹書房.

渋谷努編（2016）『大学と地域社会の連携～持続可能な協働への道すじ～』石風社.

島田哲夫（2018）『スポーツ哲学入門～オリンピック・レガシーのために』論創社.

白井俊（2020）『OECD Education2030プロジェクトが描く教育の未来～エージェンシー、資質・能力とカリキュラム～』ミネルヴァ書房.

草加市教育委員会（平成29年３月）『国指定名勝「おくのほそ道の風景地

草加松原」保存活用計画』.

草加市オリンピック・パラリンピック推進委員会（事務局草加市スポーツ振興課）（2022）『草加市オリンピック・パラリンピック推進事業報告書～未来につなぐ草加の輪～』.

高木超（2020）『SDGs×自治体実践ガイドブック―現場で生かせる知識と手法』学芸出版社.

高崎経済大学附属産業研究所編（2011）『ソーシャル・キャピタル論の探求』日本経済評論社.

髙橋明（2004）『障害者とスポーツ』岩波書店.

高安健一（2018）「獨協大学経済学部における『開発経済学』の講義～SDGsからPBLへ」（『経営倫理』2018年7月25日号、No. 91所収）pp. 27-30.

高安健一（2018）「LGBTQチームの挑戦～プロジェクト型課題解決学習（PBL）の事例」（『教育PRO』2018年7月3日号所収）pp.14-15.

高安健一（2018）「教育現場におけるLGBT対応～LGBTQの定義と多様性」（『教育PRO』2018年12月4日号所収）pp.18-19.

高安健一（2018）「教育現場におけるLGBT対応～『新潮45』休刊騒動の教訓」（『教育PRO』2018年12月18日号所収）pp.16-17.

高安健一（2019a）「教育現場におけるLGBT対応～学生が挑んだ『LGBTQプロジェクト』の成果と反響」（『教育PRO』2019年1月15日号所収）pp.24-25.

高安健一（2019b）「教育現場におけるLGBT対応～5つのステップで考える大学の対応」（『教育PRO』2019年1月22日号所収）pp.22-23.

高安健一（2022）「獨協大学におけるSDGs推進体制の構築（2019年12月－2022年4月）と地域連携PBLの展開」（『獨協経済』第113号所収）pp.57-76.（https://dokkyo.repo.nii.ac.jp/?action=pages_view_main&active_action=repository_view_main_item_detail&item_id=3095&item_no=1&page_id=13&block_id=17）.

竹内正浩（2014）『地図で読み解く東京五輪 1940年・1964年・2020年』ベストセラーズ.

武田薫（2014）『マラソンと日本人』朝日新聞出版.

バーバラ・ダッチ、スーザン・グロー、デボラ・アレン編（2016）『学生が変わるプロブレム・ベースド・ラーニング実践法～学びを深めるアクティブ・ラーニングがキャンパスを変える～』ナカニシヤ出版.

田中圭太郎（2020）『パラリンピックと日本～知られざる60年史～』集英社.

田中治彦・奈須正裕・藤原孝章（2019）『SDGsカリキュラムの創造～ESDから広がる持続可能な未来～』学文社.

田中優（2018）『学生・教職員・自治体職員・地域住民のための地域連携PBLの実践』ナカニシヤ出版.

坪井明彦（2011）「地域活性化とソーシャル・キャピタル」（高崎経済大学附属産業研究所編『ソーシャル・キャピタル論の探究』日本経済評論社所収）pp. 59-73.

露口健司編著（2016）『（叢書ソーシャル・キャピタル②）ソーシャル・キャピタルと教育～「つながり」づくりにおける学校の役割～』ミネルヴァ書房.

東京オリンピック・パラリンピック競技大会組織委員会（2021）『TOKYO 2020 アクション&レガシーレポート』.

東京大学教養教育高度化機構アクティブラーニング部門（2021）『東京大学のアクティブラーニング～教室・オンラインでの授業実施と支援～』東京大学出版会.

東京大学未来社会協創推進本部監修（2021）『東大×SDGs～先端知からみえてくる未来のカタチ～』山川出版社.

リンダ・トープ、サラ・セージ（2017）『PBL 学びの可能性をひらく授業づくり～日常生活の問題から確かな学力を育成する～』北大路書房.

友添秀則（2021）「オリンピックの価値をめぐって」（『現代スポーツ評論』44号所収）創文企画 pp. 8-16.

中口毅博・小澤はる奈編著（2021）『SDGs自治体白書2021～次世代が切り拓く“SDGs自治体”への道～』生活社.

中澤公孝（2021）『パラリンピックブレイン』東京大学出版会.

中沢政江・松尾智晶（2017）「日本型コーオプ教育におけるPBLの位置づ

け」（伊吹勇亮・木原麻子編著 後藤文彦監修『課題解決型授業への挑戦～プロジェクト・ベースト・ラーニングの実践と評価～』ナカニシヤ出版所収）pp. 11-23.

永田敬・林一雅編（2016）『アクティブラーニングのデザイン～東京大学の新しい教養教育』東京大学出版会.

中室牧子（2015）『「学力」の経済学』ディスカヴァー・トゥエンティワン.

日経BPマーケティング（2021）「特集 大学の地域貢献度調査」（『日経グローカル』10月4日号: No. 421）pp. 6-25.

西口敏宏・辻田素子（2017）『コミュニティー・キャピタル論～近江商人、温州企業、トヨタ、長期繁栄の秘密～』光文社.

西嶋啓一郎（2019）『SDGsを基盤にした大学連携型地域貢献』セルバ出版.

二宮雅也（2017）『スポーツボランティア読本～「支えるスポーツ」の魅力とは？～』悠光堂.

日本私立大学連盟（2020）「特集：SDGsに向けた大学の取り組み」（『大学時報』第391号）pp. 32-71.

日本スポーツ社会学会編集企画委員会編（2020）『2020東京オリンピック・パラリンピックを社会学する～日本のスポーツ文化は変わるのか～』創文企画.

野地秩嘉（2011）『TOKYOオリンピック物語』小学館.

野地秩嘉（2021）『新TOKYOオリンピック・パラリンピック物語』KADOKAWA.

間野義之（2013）『オリンピック・レガシー　2020年東京をこう変える！』ポプラ社.

萩原誠（2016）『地域と大学～地方創生・地域再生の時代を迎えて～』南方新社.

長谷川孝道（2013）『走れ二十五万キロ　マラソンの父　金栗四三伝（復刻版）』熊本日日新聞社.

原田宗彦（2020）『スポーツ地域マネジメント～持続可能なまちづくりに向けた課題と戦略』学芸出版社.

久宗周二（2011）「大学教員による市民活動ネットワークの形成―青森県

八戸市での事例―」（高崎経済大学附属産業研究所編『ソーシャル・キャピタル論の探究』日本経済評論社所収）pp. 45-58.

福屋利信（2020）『大学教授よ、書を捨てよ、街へ出よう～「プロジェクト型課題解決学習」（PBL）進化論～』太陽出版.

舟木泰世（2020）「地域スポーツ振興策の変遷」（相原正道・佐々木達也他編著『SPORTS PERSPECTIVE SERIES 7 地域スポーツ論』晃洋書房所収）pp. 141-164.

ジェームズ・J・ヘックマン著 古草秀子訳（2015）『幼児教育の経済学』東洋経済新報社.

松尾哲矢・平田竹男（2019）『パラスポーツ・ボランティア入門～共生社会を実現するために～』旬報社.

松橋崇史・金子郁容・村林裕（2016）『スポーツのちから～地域をかえるソーシャルイノベーションの実践』慶應義塾大学出版会.

溝上慎一・成田秀夫編著（2016）『アクティブラーニングとしてのPBLと探究的な学習』（シリーズ 第2巻）東信堂.

真山達志（2021）「スポーツと公共政策」（真山達志・成瀬和弥編著『公共政策の中のスポーツ』晃洋書房所収）pp. 1-16.

水上博司（2021）「自治体政策におけるスポーツ」（真山達志・成瀬和弥編著『公共政策の中のスポーツ』晃洋書房所収）pp. 85-116.

南博・稲葉雅紀（2020）『SDGs～危機の時代の羅針盤～』岩波書店.

宮垣元（2020）『その後のボランティア元年～NPO・25年の検証～』晃洋書房.

村上周三・遠藤健太郎・藤野純一・佐藤真久・馬奈木俊介著（2019）『SDGsの実践 自治体・地域活性化編』事業構想大学院大学出版部.

明治大学商学部編（2021）『これがSDGs』（明治大学商学部グローバル人材育成シリーズ3）同文舘出版.

諸富徹（2022）「センの潜在能力アプローチと持続可能な発展」（大塚直・諸富徹共編著『持続可能性とWell-Being～世代を超えた人間・社会・生態系の最適な関係を探る～』日本評論社所収）pp. 3-34.

安田雪（1997）『ネットワーク分析～何が行為を決定するか～』新曜社.

山田浩久（2019）「大学教員による地域連携活動」（山田浩久編著『地域連携活動の実践～大学から発信する地方創生～』海青社所収）pp. 11-28.

吉田健太郎編著（2014）『地域再生と文系産学連携～ソーシャル・キャピタル形成に向けた実態と検証～』同友館.

羅一慶（2016）「学生を媒介とする文系の産学公（官・NPO）連携と学び合う地域」（渋谷努『大学と地域社会の連携～持続可能な協働への道すじ～』石風社所収）pp. 17-50.

早稲田大学平山郁夫記念ボランティアセンター編（2019）『ボランティアで学生は変わるのか～「体験の言語化」からの挑戦』ナカニシヤ出版.

## 高安ゼミ：草加市ウェブサイト掲載記事

(1) 埼玉レガシー2020チーム（2018年）「【まちの話題】つまようじでつくるモザイクアートが完成」(https://www.city.soka.saitama.jp/cont/s1002/010/010/080/PAGE000000000000058166.html).

(2)「獨協大学生がコロンビア共和国パラリンピック水泳選手団へインタビューを行いました」(https://www.city.soka.saitama.jp/cont/s1404/010/010/040/PAGE000000000000062882.html).

(3)「コロンビア共和国パラリンピック水泳選手団に聞く～獨協大学生によるインタビュー～」(https://www.city.soka.saitama.jp/cont/s1404/010/010/040/columbia_dokkyo_interview.pdf).

(4) 獨協大学 経済学部 高安健一ゼミナール 災害と共生2020チーム（2021）「外国人向けの避難所マニュアル」(https://www.city.soka.saitama.jp/cont/s1004/PAGE000000000000068826.html).

(5) 獨協大学高安健一ゼミナール（2021）「伝統の技術と味・地域ブランド「草加せんべい」を未来へ」(『広報そうか』令和３年８月５日号、No. 1278 所収）(https://www.city.soka.saitama.jp/kohosoka/r03/21080599/index.html).

著者紹介

## 高安健一（たかやす けんいち）

獨協大学経済学部教授。

1959年東京生れ。1988年3月上智大学大学院国際関係論専攻博士後期課程終了（2005年に国際関係論博士取得）。メキシコ大学院大学留学（1983～84年）。第17回アジア・太平洋賞特別賞受賞。さくら総合研究所環太平洋研究センターや株式会社日本総合研究所調査部などに計21年勤務。国際協力NGOジョイセフ理事。2009年4月より現職。獨協大学SDGs推進連絡会アドバイザー。専門は開発経済学と東南アジア経済論。

50を超えるPBLに、約300人のゼミ生と取り組む。趣味はフルマラソンで47都道府県（ハーフマラソン4県）を一度も棄権することなく走破。これまでに35カ国を訪問。

幻冬舎ルネッサンス新書 259

# 半《はん》径《けい》3キロのPBL
## 埼《さい》玉《たま》県《けん》草《そう》加《か》市《し》で挑《いど》んだSDGs地《ち》域《いき》連《れん》携《けい》の記《き》録《ろく》

2023年6月29日　第1刷発行

著　者　　高安健一
発行人　　久保田貴幸

発行元　　株式会社 幻冬舎メディアコンサルティング
〒151-0051　東京都渋谷区千駄ヶ谷4-9-7
電話　03-5411-6440（編集）

発売元　　株式会社 幻冬舎
〒151-0051　東京都渋谷区千駄ヶ谷4-9-7
電話　03-5411-6222（営業）

ブックデザイン　　田島照久
印刷・製本　　中央精版印刷株式会社

検印廃止

ISBN978-4-344-94513-5 C0237
幻冬舎メディアコンサルティングＨＰ
https://www.gentosha-mc.com/